ブチ抜く力

与沢 翼
Tsubasa Yozawa

扶桑社

はじめに

２０１４年に、経営していた会社を法人税滞納で解散させた私は、文字通り無一文になり、日本を去って公の場から姿を消しました。

「ネオヒルズ族」「秒速で１億円稼ぐ男」などと世間からもてはやされていた矢先の出来事で、まさに天国から地獄への転落でした。

おそらく世の中の誰もが「与沢翼はもう終わった」と確信したはずです。

ただ、執筆段階の２０１８年現在に至るまでの４年間に、私は皆さんの知らないところで、様々な結果を残してきました。

- 仮想通貨に1億3５００万円を投資して3か月で27億円にし、そのうち14億円を利益確定して出金しました。
- 65日間で91・2kgから69kgまで22kgのダイエットに成功しました。
- 世界各地に計40戸、総額45億円分の不動産を全てキャッシュで購入したり、世界有

数のプライベートバンク、Ｂａｎｋ　ｏｆ　Ｓｉｎｇａｐｏｒｅに口座を開き５００万ドル（およそ５億５０００万円）分の社債を購入したり、掛け金５億２０００万円、保障32億円の生命保険に入ったりもしました。

これらは海外に出てからの結果の一部ですが、これらの結果を最短・最速で私が獲得してきた原動力はただ一つ。

それが、本書のタイトルでもある「ブチ抜く力」です。

ブチ抜く力とは、あらゆる常識を覆し、世間の考える限界を突破して、とてつもない結果を超スピードで得るための力です。私自身、人生のあらゆる局面で最も重視してきたのが、この「ブチ抜く力」でした。

世の中には、複数のタスクを同時に進行できる多動可能な器用な人もいるでしょう。ただ、私は何かに集中すると、一つの事しか目に入らない不器用なタイプの人間です。しかし、だからこそ、最短・最速で誰もが驚く圧倒的な結果を実現してきたのだと思います。

突き抜けた結果が欲しければ、たった一つの結果や目標に向かって徹底的に考え抜き、他の全てを犠牲にする。そのストイックさがなければ、この4年間でこれだけの成果を出す事はできなかったと思っています。

ちなみにお伝えしておくと、これらの結果を私は社員ゼロ、つまり組織を持たずにたった一人の個人で成し遂げました。

この数年間、私は自分の行動や思考を、ずっと発信し続けてきました。

海外不動産を購入した際は、その物件を購入した動機や購入方法、金額、契約書、間取りまで公開しています。

仮想通貨でリップルへの投資を決めた際も、その根拠を動画で流したり、購入時の証拠からその後の値動きの様子まで事細かに、嘘のつけないライブ配信で公開してきました。

２０１８年６月から65日間で22kgの減量に成功した際も、体重の変化や毎日の食事、減量の方法論や減量中に考えた雑感などをＳＮＳや動画で発信を続けていったのです。

これらは当初、自分自身の記録も兼ねてやった行為でしたが、驚いたのは、こうした私の行動や発言、投資やダイエットに本気で取り組む姿勢を見て、同じようにストイックに何かに向き合う人がとてつもなく増えた事です。

「私もずっと減量をしようと思っていたのに、いつも途中で諦めていました。でも、与沢さんの姿を見て、もう一度ダイエットに挑戦しようと思います」

「与沢さんの姿を見ていると、何だか自分もやる気になれて、その後、投資を軌道に乗せることができました」

こうした感謝の声が、日本の各地から寄せられました。

いつだって私は、自分の目的を最優先にして、やりたいようにやってきた人間です。でも、そんな私のような人間であっても、そのストイックさは伝播し、誰かに影響を与える事ができる――。その事実に、深い感銘を受けました。

本書を書こうと思ったきっかけも、「ブチ抜く」ために私が実践している方法論を知ってもらう事で、誰かの人生を少しでも好転させる事ができるのかもしれない。そう思ったからです。

この本の中には、人生、ビジネス、投資、ダイエットなど、あらゆる分野において、私がこれまでの人生で培い、大切にしてきた法則を全て詰め込みました。

10年、20年、あるいは100年の歳月を経たとしても、私が一生をかけて守り抜いていこうと思っている絶対の法則だけを厳選しています。

本書を通じて、「自分も何かをやってみよう」「今やっている事を、もっともっとストイックにやって高い結果を出そう」と思っていただければ幸いです。

もちろん、〝思う〟だけではダメです。行動しない限り、人生は何も変わりません。

誰よりもブチ抜いた結果を、今から全力で取りに行きましょう。

与沢　翼

第1章　基本の法則

全ての根底にある大原則

ルール1　一つの事に魂を売り、ブチ抜いていこう。……020

ルール2　最短・最速で圧倒的な結果を出す。……030

ルール3　自分の幸せは「お金」の上に成り立っている事実を認めよ。……038

ルール4　センターピンを掴め。そして3週間、徹底的にやり切れ。……046
ルール5　成功したいなら人の意見は聞かず、ストイックに突き進め。……053

第2章　ビジネスの法則
人と群れるな。
誰とも組まず、単独で突っ走れ！

ルール6　会社に依存する生き方はもう終わりにしよう。……064
ルール7　常に「一石二鳥以上」を狙って、人生を豊かにしよう。……071

ルール8 「カゴの中のバッタ」になるな！　エリートがラットレースにはまる罠。……079
ルール9 群れるな。成功するためには最少人数を保て。……086
ルール10 共感を求めるな！　全員の想定の圧倒的斜め上をいく結果を出せ。……094
ルール11 ブチ抜き続けるためには一発逆転は狙うな。「拡張性」を考えろ。……101
ルール12 人の能力自体に差はない。勝敗を分けるのは「どれだけ種を蒔き続け、失敗を積むか」。……109

第3章　投資の成功法則
勝負は、チャンスが来る前から始まっている

ルール13　自分をワクワクさせるものを探し、いつでも乗り出せるように心と資金を準備しておく。勝負は、チャンスが訪れる前から始まっている。…… 120
ルール14　「継続力」と「加速力」。前に進みながら手応えを感じた瞬間にアクセルを踏み込め。…… 128
ルール15　10年後の自分を見据えて投資をしているか？　10年あれば、人は何者にでもなれる。…… 137

ルール16 ファンダメンタルズと風を読む。
これが投資のセンターピンである。……146

ルール17 心中しても悔いはない。
そのくらいの覚悟で、自分が本気で信じられるものを探せ。……168

ルール18 リスクを取らねばリターンはない。
ぺんぺん草も生えない土地に嬉々として投資できる人間になれ。……176

ルール19 他人の言葉で投資商品を買う愚か者にはなるな。……186

ルール20 運命を共にするのが投資。「継続」は「運」を上回る。……192

ルール21 人生とは投資の連続。失敗した数だけ糧になる。中途半端に手を広げず、集中して深く投資せよ。……198

第4章　健康の法則
一日一日を全力で。その積み重ねが大きな結果に繋がる！

ルール22 2か月で22kgの減量。成功した理由は「強い動機」と「理想的な環境」。……208

ルール23
初動で手を抜くな。時間をドブに捨てるな。
ダイエットも最短・最速を貫け。……218

ルール24
血糖値をコントロールし、肥満の悪循環から抜け出せ。
ダイエットのセンターピンは「食べないで、鬼動く」事である。……226

ルール25
デブでいる事自体が不健康。デブが健康的に痩せる方法などない。
周囲の批判や反論には耳を貸さず、自分の信念を貫き通す。……238

ルール26
ビジネスもダイエットも毎日が真剣勝負。
一日一日を全力でやる。その積み重ねが大きな結果に繋がる。……245

ルール27 むやみに俗説は信じるな。専門家のアドバイスにも惑わされるな。複雑なものは排除し、自分にとって最善のシンプルな方法を探せ。……252

ルール28 減量の本質は、生活習慣の革命。習慣次第で人は富豪にも廃人にもなれる。……264

第5章 情報収集の法則

情報収集も3週間。「一人突っ込み」を繰り返し、センターピンを掴まえろ！

ルール29 センターピンを掴むための情報収集・分析は3週間。まずは全体を把握すべく、「登場人物」を押さえろ。……274

ルール30 「一人突っ込み」を繰り返し、自説への反論・悪口・対抗記事を論破せよ。……283

第6章 未来予測の法則

これからの世界で起きる事を予測し、逆算して今から動こう！

ルール31 大きな「時代の潮流」を読み切れ。時代の波に乗らないとそこで成長は止まる。……294
ルール32 クリエイティビティを発揮し、周囲から一目置かれる人間になれ。……302

ルール33
1国に依存するのはリスクである。
世界と取引できる人間になろう。……309

ルール34
自分の「トリセツ」を知る。それが、人生をロスしない最短の方法で、
パフォーマンスを最大化する方法である。……316

ルール35
自分で自分を殺すな。
空気を読み過ぎる奴は負けだ。……322

第1章

基本の法則

全ての根底にある大原則

「魂を売った」と思えるほど
ストイックに何かを
やり続けた事があるか。
何事も最短・最速で
圧倒的な結果を出す——。
私はいつもそう心掛けてきた。
今日から一つの事に魂を売り、
ブチ抜いていこう。

ルール
1

一つの事に魂を売り、ブチ抜いていこう。

私が確信する、唯一にして絶対の成功法則

たった一つの結果のために、魂を売る。

皆さんは、そう言い切れるくらいに何かをやり切った経験はあるでしょうか？

もし、あなたがどうしても達成したい「何か」があるなら、その目標のためだけに時間、エネルギー、コスト――自分が持ち得る「全て」を絞り出し、一つの事に賭けてみて下さい。

生半可な覚悟や中途半端な行動は、無意味です。とにかくひたすらストイックに、自分が心から「やり切った、もうこれ以上はやりたくない」と思えるまでやり抜く。

これが唯一にして絶対の成功法則だと、私は確信しています。

これまで、私は多くの人から「そんなのできるわけがない」「無理に決まっている」と言われた事柄にことごとく挑戦しては、結果を出してきました。

まず、10代の頃。当時、既に高校を中退していたため、高校の勉強範囲など全く学

んだ事のない状態で、早稲田大学の受験を志しました。誰からも「無理に決まってる」「受かるわけがない」と馬鹿にされていたのに、８か月間の猛勉強で早稲田大学に合格しました。

大学在学中、今度は一度も就職を経験せずに、早稲田大学の「ビジネスプランコンテスト」で優勝し、その流れもあってアパレル会社を起業しました。５年に渡り運営したアパレル会社では年商10億円の実績を上げ、渋谷１０９に出店するまでに事業を拡大させました。

アパレル会社自体は無理な拡大計画が仇となって倒産させるのですが、それと時期を同じくして、知識も人脈も情報もないゼロからの状態で、情報商材の世界へ参入しました。

そこで売上高・知名度共に文字通り一瞬でトップを取り、「秒速で1億円稼ぐ男」という異名を取ります。稼いだお金でフェラーリやベントレー、ロールス・ロイス ファントムなどの高級車に乗り、六本木でシャンパンを飲んで豪遊する私の姿を数々のメディアが報じます。そうした中で「ネオヒルズ族」という呼称が初めてＴＢＳにより報じられました。この当時の経験は、自分にとっては反面教師として、今の生き方を大きく変えています。この生き方には批判も多く、私もたくさんの点で反省をし、改善しました。

なお、黒字を出していたこちらの情報商材の会社も法人税の滞納により解散状態になり、結果的になんとか税金だけは完済したものの、またもや私はほぼ資産なしのホームレスに近い状態にまでなりました。実際、自分名義の家は一度なくなっています。倒産、解散を経て、「自分が本当に向いているビジネスは何か」「どうしたら真のお金持ちになれるのか」をじっくりと考えた末、２０１４年に海外移住への道を決断しました。そう、私は2度日本で失敗し、3度目の海外で初めて本当の成功を手にしたのです。

現在ではドバイやタイ、シンガポール、マレーシア、フィリピンなど、様々な拠点を海外に作り、投資家としての生活を送り、着々と実績を積み上げています。

世界各地で保有する不動産物件は、２０１８年11月現在40戸。

２０１５年から始めた株投資では、ＳＮＳに公開していた一例でＳＢＩホールディングス株に1億円を投じて2倍に、リミックスポイントにも５０００万円を投じて2倍になるなど、中長期的に優良なものから投機的な銘柄まで含め、残高5億円にまで増やす事に成功しました。

そして、仮想通貨ブームが起きた２０１７年には、８月からリップルを徹底的に研究して９月頭には1億３５００万円を投資し、わずか３か月程度で27億円まで資産を増やす事ができました。そのうち約半分の14億円を利益確定し、出金しました。

この14億円は1か月も経たずに不動産、債券、保険に全額再投資しました。

さらに、投資が一段落した２０１８年6月には減量に挑戦。28日間の断食も行い、91・２kgから69kgまで、65日間のダイエットで22kgの減量に成功しました。

現在では、一生働かなくても生きていけるだけの富を蓄え、海外で悠々自適な生活を送っています。

こうした実績を残す度によく聞かれるのが、「どうしたら与沢さんのように成功できるんですか？」という問いです。

私が実践してきた事は、非常にシンプルです。それは、「とにかく一つの目標に全力を注ぎ込み、結果を出すまでやめない」という事。

これが全てです。私自身は、特殊なスキルなどは持ち合わせていないごく普通の人間です。たくさんの事を同時にこなすほど器用な人間ではありません。

不器用ゆえに、お金儲けならお金儲け、減量なら減量と、一点に集中する事でしか人生を歩む事ができないのです。でも、一つの事に徹底的に集中するから短い時間で上手になり、誰よりも突き抜ける事ができた――。そう本気で思っています。

「あれもこれも」といろんなものに手を出してしまうと、どれも薄っぺらな結果しか手に入れる事ができません。例えば私が受験を志した時は彼女を切り、ケータイを解約し、友達とは８か月で一度も遊びませんでしたし、大学在学中に起業した時は授業を切り、当然サークルにも入らず飲み会を断ち、友達はほとんどいない環境の中で取り組みました。

常に本気である事。そして、一つの結果のためだけに、ただひたすらストイックになる。これだけが、唯一無二の〝ブチ抜けた存在〟になるための条件です。

「与沢さんほどじゃなくてもいいけど、そこそこ成功したい」といった相談をされる事があります。しかし、それではいけません。どうして、ブチ抜いた存在であるべきなのか、ほどほどの成果を出す存在ではいけないのか。それは、一度「ブチ抜いた存在」になると、その後の人生は驚くほど楽になるからです。

例えるならば、それは飛行機の離陸と同じです。

飛行機で一番難しいのは、離陸時と着陸時だと言われています。一度、地上から重い機体がフワリと浮き上がり、空気抵抗の少ない高々度の上空まで上がれば、その後は安定した飛行が可能になります。

ブチ抜く――それは、まさにこの飛行機の離陸と同じ事なのです。

一度地面から離陸して誰よりもブチ抜いた存在になってしまえば、あとは緩やかに、軽やかに雲の上を悠々と飛んでいられるのです。

ただ、多くの人は地面から離陸する前に走行を停止してしまう。すると、苦しい状況がずっと続くことになるのです。

確かに初心者のうちは何事にも慣れていないので、簡単にはいかないものです。何より離陸段階が最もエネルギーを消耗する、最大の難関となっています。だから何か新しい事を始めても思うような結果が出ず、全然モチベーションも上がらないし、面白くない。

そこで「自分には向かないから無理だ」とか「つまらないからやめよう」などと言い訳をして諦めてしまうのです。

しかし、その大変な時期を超えて一度大きく飛躍さえできれば、どんな人でも楽に飛行できるブチ抜いた存在になれるのです。

そして、一度ブチ抜いた結果を出した人は、周囲から一目置かれるようになります。評価も高まり、周囲から引っ張りだこになる。場合によってはメディアに取り上げられ、どんどん有名になっていき、いろんなところから声を掛けられるようにもなる。付き合う人の層も変わっていくので、どんどん実力者達との繋がりも増え、良質な情報も集まってきます。

よく「成功している人達は裏で繋がっているから、一般人が頑張っても勝ち目がない」「有力者に可愛がられているから、あの人は上に行けるんだ」などと耳にしますが、これはごく自然な現象です。これは社会からのテストなのです。ブチ抜いた人には数多のギフトが天から与えられます。

一つの事に結果を出せた人は、いろんな人から一目置かれ、「話を聞きたい」と請われるようになります。

いろんなコミュニティにも無条件で入れてもらえるし、誰かを紹介してもらうケースも増えるので、当然、人からの良いお誘いや魅力ある仕事の話も増えていきます。

つまり、一度突き抜けた結果を出せば、それまでとは全く違ったコミュニティに自然に存在する事ができる。今までとは全く違う世界が開けているのです。

ブチ抜いた先に待っているのは、とんでもない世界です。「散財できる」「豪遊できる」というような、俗物的で単なるチープな世界ではありません。努力する才能のある人達が集う知的エキサイティングな世界です。

もちろん、雲の上に行くのはたやすい事ではありません。でも、一つの結果に魂を売って突き抜ける事ができれば、どんな人であろうと、雲の上に行くのは可能です。

繰り返しになりますが、それでも多くの人が成功を掴めないのは、単に離陸する前に諦めてしまうから。そして、始める前に全てを捨てて時間を作り、一つの事に集中するという決断が欠けているからです。あなたに必要なのは、とにかく今の環境から「離陸する事」。結果を出すまで諦めない事なのです。そうすればとても楽になります。

まずは、離陸するための準備から始めてみましょう。

Check Point

- ☑ただひたすら一つの結果のためだけに、ストイックになれ。
- ☑ほどほどの結果を目指すな。唯一無二の「ブチ抜いた存在」を目指してこそ上手くいく。
- ☑一度ブチ抜いた存在になれば、良い仕事、良い話も次々に舞い込んでくる。
- ☑言い訳無用。とにかく目標に向かって「離陸」する。それ以外はない。

ルール 2

最短・最速で圧倒的な結果を出す。

何事も「最短・最速」で

「秒速で1億円稼ぐ男」と呼ばれた私ですが、幼い頃から常に心に留めていたのは、何事にも「最短・最速で、圧倒的な結果を出す」という事です。

多くの人は「大きな目標は時間をかけてコツコツやらないと実現できない」と思っているかもしれませんが、実は違います。全くの逆なのです。

確かに長期で計画を立てた方が自分への負荷は小さくなるため、簡単に目的を達成できそうな気がします。

例えば「１か月後に１００万円貯める」のと「10か月後に１００万円貯める」のとでは、後者の方が明らかに実現性は高そうに見えます。１か月で１００万円を稼ぐ事はできなくても、１か月で10万円多く稼ぐ事ならできるのではないか。そう思ってしまうでしょう。

でも、これこそが落とし穴です。

長期的な目標は、負荷自体が小さい代わりに、とても道のりが長いので、実現するには卓越した自己管理能力と継続力、そして強い意志の力が必要になります。コツコツ継続する資質のない普通の人間が長期目標を立てた場合、ほとんどの場合は途中で挫折します。そして多くの人間はコツコツ継続する習性など本来的に持っていないのです。

これまでのご自身を振り返って、考えてみて下さい。

「1年後に10kg痩せてやる」
「1年後に100万円貯める」
「1年後にこの資格を取る」

などの目標を設定したものの、初志貫徹できた人はほとんどいないのではないでしょうか？

私自身もそうです。

今までに何度となく「来年には英語を話せるようになりたい」「来年には痩せてい

たい」などというぼんやりとした長期的な目標を立てた事はあります。でも、これらは、全て実現しませんでした。ただの理想にすぎないからです。

私がこれまでに目標を達成できたのは、超短期間のものばかりです。

「最短・最速」が最強のソリューションになる理由

なぜ「最短・最速」こそが、最強のソリューションになり得るのでしょうか。

まず一つには、短期間だからこそ人は集中できるという理由が挙げられます。

繰り返しになりますが、誰よりも突き抜けた存在になるためには、集中力が続く短期の間に、一つの事に魂を売ったと思えるほどストイックに行動する必要があります。

私の場合、一度目標ができたら、それを達成するためには、どんなに楽しそうな友達からの誘いも絶対に断りますし、家族との時間も確保できないほどに打ち込みます。結果、大切な人を悲しませる事もあるかもしれません。時には貴重な機会を逃したり、信じられない代償を支払う可能性もあります。

ストイックでいるために、人は何らかの代償を払わなければならないのです。

でも、はっきり言って、そんな状態を長期間続けていてはモチベーションも上がらないし、心が折れます。また、人生を楽しめません。

しかし、いかにハードな内容であったとしても、短期であれば自分自身も頑張れます。

仮に不義理をしたとしても、一時の事であれば周囲への説得や言い訳も可能です。

第二の最短・最速のメリットは、結果が早く出るので正しい方法論に辿り着きやすいという点です。

長期で目標を立てた場合、仮に自分が実践している方法論ではすぐに結果が出ていなくても、そのやり方が正しいかどうか自体を吟味する事を怠ってしまいます。

「今はまだ結果が出ていないだけ。きっともう少しすれば結果が出るはず」と、未来の自分に責任を転嫁してしまい、楽観的になりがちで、今やっている事が本当に効果的なのかの検証を先延ばしする事が多いのです。

でも、超短期決戦で結果を出そうとしている場合は、一日一日が勝負の連続なので、頻繁に自分の成果を確認するようになります。

その際、もしも自分が思ったような結果が出ていない場合は、すぐに軌道修正して、自分に見合った方法論へと改善し最適化できます。

ダラダラと思考停止をしたまま一つの方法論だけに頼らないので、人生をロスする事がありません。

つまり、普通の人の何倍もの速さで「PDCAサイクル」（計画→行動→検証→改善）を回し、自分にとって最高のやり方を見つけ出す事ができる。だからこそ、最短・最速で物事を達成すれば、同年代の人の何倍、何十倍の成果を出す事ができるのです。

そして、第三のメリットは、最短・最速で結果を出すと「ブチ抜いた存在になれる」という事です。

例えば「1年間で自分の体重を10kg減らした人」と「1か月で自分の体重を10kg減らした人」がいたとしたら、あなたはどちらの人の話を聞きたいと思うでしょうか？

また、「1年間で資産を1億円にした人」と「1か月で資産を1億円にした人」では、どうでしょうか？

99％の人は、間違いなく後者の話を聞きたいと思うでしょう。

成果自体はありきたりのものだとしても、期間があり得ないほど短く、誰よりも先に結果を出した人は、その存在自体に希少価値があります。それだけ難易度が上がるからです。

その時点で、あなたは「一目置かれる人」になれるのです。

短期の結果が正しいかどうかを問わず、２か月で痩せた人がＣＭに出てきて人々の注目を集めるのは、劇的な結果が短期間で出ているからに違いありません。

ゆっくり成しえた人は、あまり脚光を浴びないのです。善悪はさておいて、それが世の常です。

最短・最速だからこそ、効果も出せるし、結果以上のベネフィットが自分にもたらされるのです。

これまでの常識は全部取っ払って、「未だかつてない最短・最速」での目標達成プランを考え、実践してみて下さい。最短・最速のためには知恵が必要なので、よく頭を使うようになります。何より、人生が一挙に開花し始めるはずです。多くの人は最短・最速から逃げています。

Check Point

☑長期的な目標は、意志がよほど強くない限り挫折する。だから成功できない。
☑短期間に集中するからこそ、人はモチベーションを高く保つ事ができ、忍耐もできる。
☑最短で結果を求め、そこから学び、改善する。最速でＰＤＣＡサイクルを回し、急激に成長していこう。
☑方向性が間違っていたら、躊躇せず、すぐに軌道修正しよう。
☑「1か月で10kg減」「1か月で1億円」と最短で優れた結果を出すから注目され、ブチ抜いた存在になれる。

ルール 3

自分の幸せは「お金」の上に成り立っている事実を認めよ。

お金があればたいていの困難や理不尽は避けられる

私は10代の頃から「お金は何よりも大切である」「お金のない人生は意味がない」「お金を得るためために、自分の魂を売れ」などと言い続けてきました。

当時から「あいつはカネの事しか考えていないひどい奴だ」と言われ続けてきましたが、何も「お金が全て」「お金があれば何でも手に入る」と言っているわけではありません。

お金で買えない幸せもあるでしょう。しかし、お金と人生の幅は比例する。そう確信しています。

考えてみて下さい。もしも今、あなたの手元に自分の自由になる100億円ものお金があるとしたら？　100億円がピンとこなければ10億円でもいいです。

あなたが今、何か悩みを抱えていたり、何らかの問題に直面していたりしても、基本的にはそのお金でほとんどの難問は解決できるのではないでしょうか。

あなたの大切な人を想像してみて下さい。

その大切な誰かが、深刻な病気になってしまったとします。あなたが10億円、100億円もの現金を持っていれば、地球上で最高レベルの治療を受けさせられます。仮に現代の最高医療をもってしても助からない病気だったとしても、多少なりとも延命治療を施す事ができるだろうし、その人にとって最高の環境でできる限りを尽くす事もできます。

また、自分が日頃あくせく働いて浪費している時間を全て確保して、大切な人との最期の時を最高の環境で過ごすために費やす事もできるでしょう。

お金で全ての幸せを買う事はできないし、お金では叶わない望みも確かにあります。でも、お金があれば、避けられる困難や理不尽が数多くあるのも事実です。また不要な争いやイライラ、不安からも完全に解放されます。少なくとも私の体感としては、お金で解決できない事はほとんどありません。それほどお金とは強大なパワーなのです。

私自身がお金を稼いできたのは「お金持ちになって、大切な家族や大好きな仲間と最高の環境で幸せに暮らしたい」というシンプルで純粋な目標があったからです。言葉にするととても陳腐かもしれませんが、もっと簡単に言ってしまえば「自分の嫌な人とは関わらないで済む人生を手に入れる」という事です。

世の中にはいろいろと嫌な事もあると思いますが、中でも私自身が一番面倒に感じるのが「人間関係」です。

この世界には、どうしても自分と相性が悪い人や相容れない人が一定数はいます。また、中にはこちらに何の非がなくても、信じられないほどの悪意を持って接してくる人もいますし、とことん他人を利用してやろうという狡猾な考えを持った人も大勢います。少しでも油断すれば、そうした人の食い物にされることもあります。

仮にそうした苦手な人が自分の上司や同僚だったりクライアントだった場合、生きているのが苦しくなるほどのストレスがかかるでしょう。

極端な言い方かもしれませんが、お金があれば好きな人とだけ付き合う事ができ、誰にも頭を下げる必要がありません。事実、私はこの4年の間、誰にも頼み事をしてこなかったし、頭を下げた事は一度たりともないのです。逆に言えば、お金がないからこそ自分が嫌いな人や苦手な人とも関わらざるを得ないわけです。

その事実に気付いた時、私は何としてでも圧倒的にお金を蓄え、嫌な人と接する人生を切り捨てようと決意しました。

十分なお金を得て、嫌いな人との人間関係を絶った今、私の人生にストレスは一つもありません。毎日、大好きな人とだけ思う存分の時間を接する事ができ、とことん幸せな人生だと感謝しています。

ここまで「カネが一番大事」とメディアで大々的に言ってきたのは、たぶん私だけです。みんなそう思っていたとしても触れないか、嫌な奴だと思われないように逃げているのか、あるいは、お金のパワーから目を背けているためでしょう。

もし自分がしている仕事で1円ももらえなかったら、その仕事をやるでしょうか？やらないでしょう。

多くの人は例えば20歳から70歳まで、お金のためだけに嫌な仕事をして、人生の最も大切な時期を捨てています。本当に好きな事とは、お金がもらえなくてもやりたい事です。そのやりたい事を徹底追求するのが、生きている意味ではないですか？

お金が十分ないのに、お金を使う方法を最初に考えているような人は論外です。毎月30万〜40万円の給料の使い分けに頭を悩ませ、ローンの返済はボーナス払いをあてにして帳尻を合わせる。そんな人生はもう終わりにしましょう。

だから、もしもあなたが今、何か悩みを抱えていて、お金も不足している状態であれば、まずは目標を「お金を稼ぐ」という一点に絞って考えていくべきです。それ以外の目標は一度全て捨てるべきです。そうすれば、後の人生は楽に飛行できるようになります。お金を使うのは飛行した後です。

私が大学時代にあっさり自己資金でそれなりの会社を起業できたのも、10代で７００万円という貯金をしっかりとまず貯めていたおかげです。10代の頃は高校には行っていないため、アルバイトの給料を1年7か月の間、1円も下ろしませんでした。それが22歳当時の資本金になっているのです。

つまり、お金を先に使うなど論外なのです。お金を使っていいのは、お金をより多く稼ぐための投資にだけ。まずはとにかく稼ぐ、お金の不足している人が消費にお金を使うなどあり得ないです。

何度も言いますが、他の問題は、お金さえあれば後からいくらでも解決できます。

しかし、お金がない状態では、全ての問題はいつまで経っても解決しません。今、あなたが別の事柄に使っている時間、エネルギー、資金、人脈、全てのものを、お金を稼ぐという一点に集中してみて下さい。まずはとにかく時間を確保して下さい。そのためには人付き合い、習い事、コミュニティ活動など稼ぎに貢献しない全てのものを容赦なく躊躇なく切る必要があります。そして、あなたの有限の意識を全てお金を稼ぐ事に向けて下さい。

必要となるお金に囚われて、頭を下げ続けるような人生を送るのは死んでも無理だと思ったからこそ、私は最初にお金を稼ぎました。

誰よりもお金の悩みから解放されたい――。その意味では私は人一倍、お金が嫌いなのかもしれません。ある意味、お金の事が一番嫌いだから、最初にお金を稼ぐ事に特化してきたのです。

お金は強大なパワーである事を理解し、受け入れる。そして、いかにしてお金を稼ぐかを全力で今日から考えて下さい。皆さんも価値ある人生を歩むために、立ち上がって下さい。会社員の方は、この本を読んだ全員が副業をすべきです。会社で出世を目指すのは、リスクだけが残ります。隠れてでもいい。いや、隠れてこそやるべき。皆さんの人生を守るために、会社勤めをしつつも、余った時間で自分がオーナーである仕事を必ず持って下さい。

Check Point

- ☑人が抱えている悩みの大半は、お金があれば解決できる。
- ☑お金のために嫌な仕事をする人生ではなく、シンプルに好きな事を追求できる人生にしよう。
- ☑お金に翻弄されない人生を手に入れるためには、まず稼ぐべき。最初に使ってはいけない。
- ☑安全で堅実で不可侵の、死ぬまで安泰の富を手にすれば、心には信じられないくらいの余裕が生まれる。
- ☑全ての問題は、たいていお金がない事で起きている。
- ☑副業や起業、投資は、お金に縛られる人生から逃れるため、マストの第一歩。

ルール 4

センターピンを掴め。
そして
3週間、
徹底的にやり切れ。

センターピン=物事の本質を掴まえる

目的を達成させるために私が最初にやる事。

それは「物事の本質は何か」を考える事。これは必ずやります。つまり、その物事のセンターピンは何かという事です。

センターピンとは、ボウリングでいう真ん中のピンの事です。これさえ外さなければ、残り9本全てのピンを倒す事ができる。つまり、センターピンとなるたった一つの〝物事の本質〟を的確に捉えさえすれば、物事は想像以上に上手くいきます。

では、どうやってセンターピンを見つけるのか。それは、ごくごくシンプルです。

まずは、間違っていてもいいから、自分にとって「これが本質ではないか？」と思えるものを探し、すぐに試してみる。

もし、それをやっても思ったような成果が出ない時は、一度センターピンを見直してみましょう。自分にとってそのセンターピンが間違っていると思える反証データが出てくれば、センターピンそのものを疑ってみるべきです。そのためには、細かく数字を追っていくことが大切です。

それとは反対に、「絶対にこれは確信が持てる」と思えるセンターピンを見つけたのであれば、ひたすら継続しましょう。周りから何を言われても、自分を信じる時も必要です。一朝一夕にできるようになるものではありませんが、本質掴みの訓練を繰り返していると、どんな物事であれ、その本質を掴むのが速くなってきます。

なお、一つのセンターピンを設定したら、最低3週間は続けてみて下さい。リーダーシップ論の世界的権威であるロビン・シャーマは、「人間は3週間、何かを続ける事ができれば、その行為は習慣となり、3週間後には無意識にその行為を続ける事ができる」と語っています。

私自身、何か新しい事を始める際はこの「3週間」という単位を最低の目安にしています。

一度、何かを3週間単位でやり抜くと、その間に経験値が爆発的に溜まっていき、やる気も高まるし、初めての物事でもだんだんと理解できるようになってくるのです。

そして、最初に比べると何倍、何十倍もの効率で飛躍的に高い結果を得られるようになっていきます。

たった一つのセンターピンを決めたら、それをとことんストイックに、まずは３週間、余計な事は考えずに、とにかくやり抜きましょう。やると決めたらやるのです。もはや続ける意義など考える必要すらないです。決めたからやるのです。

また、センターピンはその人のフェーズや前提条件に応じて変わるものでもあります。適宜見直していく必要はあるものの「３週間」は一つの目安になるでしょう。

ただ、センターピンをやり抜くうえで注意したいのは、必ずセンターピンは一つに絞るという事。自分が「センターピンだ」と思ったもの以外のノウハウは一度切り捨てて下さい。

実は、頭の良い人ほど、この「一つに絞る」という作業が苦手です。頭の良い人は物事の本質「らしきもの」を掴むのが得意なので、センターピンと思しきものを「これも、あれも」といくつも見つけてしまうのです。でも、これこそが失敗のもと。まずもって最短・最速を不可能にする最大の理由です。

考えてみて下さい。例えばあなたが会社の社長で、頭の良い外資系コンサルタントに会社のコンサルティングを頼んだとします。そこで「御社が良くないのは、従業員の社内教育が足りていない点、商品の特徴が競争相手に比べて乏しい、あとはＰＲ力も弱いし……」等と、センターピンっぽい原因をいろいろと並べられたらどう思うでしょうか。

「なるほど、我が社にはいろんな課題があるんだな。一つひとつ解決しなければいけない」と思うかもしれません。

でも、これこそが成功しない原因です。センターピン「らしきもの」がたくさんあると、一つひとつの方法に費やす力が分散してしまうので、結果としては中途半端なものになりがちですし、最終的にどれもこれもたいした結果が出せず、無力感だけが残ります。

なかなか結果が出ない場合、「本当にこの解決方法で合っていたのだろうか？」という不信感が生まれるし、自分達の努力も報われないので、モチベーションは時間と共に下がっていきます。そして気付いた時には、課題解決の意欲すらなくなります。

ならば、最も解決しなければならない〝根本的で本質的な問題〟を見つけ、それを解決するためのセンターピンを一つだけ特定し、そこを深掘りした方が成果は確実に上がるでしょうし、結果が目に見えてわかるのでテンションもモチベーションも上がります。

だから、私がセンターピンを決めた時は、必ず他の情報はシャットアウト。一度決めたら、とにかく馬鹿になって愚直にやり抜く。一度ルールを決めたら、もはや考える必要はないのです。物事にもよりますが、ある程度の期間が経過してから初めて検証をします。

これは経験則ですが、東大を出ているような高学歴な人や外資系コンサルティング会社に勤めているような頭が良い人よりも、とりたてて実績のない素直で馬鹿な人の方が、この「たった一つのセンターピン」に出会いさえすれば、やり抜くのは得意です。だからこそ、頭の良い人よりも、実は馬鹿な人の方が突き抜けた結果を出すケースが多かったりします。

さらに言うとセンターピンは、把握する事よりも実行する方が難しいものです。仮にセンターピンが間違っていたとしたら、それは修正すればいいだけで、エジソンも言うように「上手くいかない方法が一つ見つかっただけ」です。

センターピンの誤解を恐れず、すぐにトライしましょう。それこそが、「ブチ抜く」ための最短・最速の道です。

Check Point

- ☑新しい事を始める際は、その物事の本質である「センターピン」を捉えよう。
- ☑「これだ」と確信が持てるセンターピンを見つけたら、最低3週間は続けよう。
- ☑センターピン以外のものに浮気をするな。馬鹿になって、他の情報や方法論は一度切り捨てろ。
- ☑センターピンの誤解を恐れず挑戦し、上手くいかない方法を一つでも多く見つけていこう。
- ☑何度も物事を達成していくとセンターピンの勘所が良くなり、センターピンを掴むのが速くなる。

ルール5

成功したいなら人の意見は聞かず、ストイックに突き進め。

「甘え」を設けず、ストイックに突き進む

目的を達成するためには、期限を決めて徹底的にストイックである事。

これは、私自身が目的を達成するうえで常に大切にしている信条です。逆に言えば、ストイックでなければ物事はほとんどの場合で達成できません。

しかし、多くの人は「ストイック」の定義を誤解していると思います。

私にとって、ストイックである事の定義は、「24時間いつでもその事だけを考える」という意味です。

体力、気力、根性、資産、知恵など、自分が持ち得る全てのエネルギーを、結果を出すためだけにとことん費やします。絶対に自分に言い訳をせず、全力を注ぎ込みます。「そこまではやり過ぎじゃないの？」と思われるほど一つの事にだけ徹底的に、持ち得る全てを出し切るのです。やり過ぎくらいでちょうどいいです。

例えば、多くの人は〝甘え〟を設けがちです。

あなたが今、ハードな筋トレと食事制限を取り入れたダイエットを実践しているとしましょう。

そんな時、

「昨日は深夜残業で疲れたから、今日の筋トレはやめておこう」
「今日は恋人の誕生日だから、フルコースのディナーを食べても仕方がない。今日だけは炭水化物を食べてもＯＫ」
「今日は上司にたくさん怒られて嫌な日だったから、ちょっと甘いものでも食べて元気を出そう」

どうでしょうか？　何らかの理由をつけて、自分が設定したルールを変えてしまう。こういう経験はないでしょうか。

でも、残念ながら、こうした「言い訳」こそ、あなたがブチ抜いた存在になれない理由だと思います。

深夜残業で疲れていても、恋人や家族との大切な日であっても、いかにストレスが溜まっていたとしても、決めた事は守る。守れないなら最初から決めない。なぜなら、破る度にどんどん自信を失っていくからです。

逆に深夜残業で疲れるなら、会社を辞めてダイエットだけに集中するなど、目標達成のためには自分を邪魔するものが何であれ切り捨てる覚悟が必要です。私はダイエットのためには仕事も捨てられるし、それができるという環境を整備してからでないと動かないのです。

また、いかに自分が不安でも、精神的・体力的にキツくても、決して周囲に対して弱音を吐かない。

腹が減っていても「腹は減ってない。あと1週間は断食できる」。
体がつらくても「今日も余裕で徹夜できる」。
お金がなくて不安でも「解決する方法は必ずある」。

そう平気な顔で言えるくらいの強気なメンタルを持ち、それを貫く必要があります。
「私には才能がないから」「僕はあの人みたいに地頭が良くないから」
こういう言葉は論外で、単なる言い訳や逃げ口上にすぎません。

強気の痩せ我慢を貫く事で、自分の殻や世間の評価、常識を飛び越えて、徹底的にブチ抜いた結果を出す事ができるのです。

他人の意見は鵜呑みにしない

そして、ストイックであろうとする際に、大きな障害になるのが「他人の意見」です。「あの著名な人がこう言っていたから、このやり方は間違っているのかもしれない」「有名なこの本にこう書いてあったから、この方法は変更した方がいい」あなたが何かをやろうとすると、必ず他の人からアドバイスや意見が投げ掛けられるでしょう。

それらは確かに一つの「意見」であり、それぞれにもっともらしい理屈がつけられているため、つい信じそうになります。でも、その「意見」の大半は無意味です。

その理由は「誰かにとっては成功した方法であっても、それが自分自身に適用できるとは限らない」からです。

その人と自分では、生まれ育った家庭環境も違うし、備わっている性格も違います。今持っている資金力も経験値も人脈も、全て違う。つまり、前提条件が全然違う成功例を安易に真似しても決して成功しません。

それよりも、自分が選んだという事自体に意味があります。自分が選んだという事は自分の人生の経験と何らかの関係性がある方法論なのです。前提を理解しない全く別人格の他人のアドバイスに従うよりも、科学的にアホなやり方であったとしても自分が選んだというその意思にこそ価値があるのです。

つまりは、方法論云々よりも自分が選んだものを自分で実行したという事自体が、その後の人生を飛躍的に成長させていく事になっていきます。なぜなら自分の意思に基づく失敗ならば、その後、大きな教訓となって一生忘れられない知恵に昇華されるからです。

ですから、失敗を恐れずに自分で方法を決めて、試す事が大切です。安易に他人のアドバイスに従い失敗しても、その他人を恨むか信頼できなくなるぐらいで、得られるものなど皆無、時間の無駄です。

特に家族や親友、恋人といった身近な人からの意見に対しては、より注意が必要です。身近な人達は、あなたが失敗する事を心配し、できるだけリスクを最小限に抑えようと親身になっているからこその意見なので、ありがたいものではあります。でも、多くの場合は、最も無難でローリターンなアドバイスになりがちです。ですから身近な人からのアドバイスで規格外の結果を出すのはほとんど無理です。

とりわけ家族からは、これから「人と全く違う方法でブチ抜いていく」と考えているそのマインドについて到底理解してもらえません。ある意味、一番聞いてはいけない意見であるとも言えます。

私自身も、非常に他人から影響を受けやすい人間です。これまでに他人の意見を聞いて行動した事は多々あります。でも、他人の意見を聞いて成功した事は一度もありませんでした。

最終的に成功したのは、「自分で考え、自分で決めた方法を取った時」だけだと断言できます。成功例に倣おうとするよりも、私自身が成功例になってやると思う事が大切です。

「誰かが言っていたから」という理由で、思考停止に陥るのは、もうやめましょう。

私が言いたいのは、「人の意見を聞くな」という事ではありません。

大切なのは、全ての意見に対して、あなたがきちんと自分自身の頭で考え、何が良いと思える点か、何が悪いと思う点かを自分自身で考え抜いた結果、採用するのかどうかです。

自分の頭で考え抜き、正しいと思うのならば、それは取り入れるべきです。でも、自分の頭で考えずに、自分自身で納得していない方法論は全て無視する。それが過去に成功したといくら言われても、そんなのは採用する理由になりません。あなたが納得するのか、という一点に尽きます。

もし採用する方法が、大半のプロの考え方や常識とは異なった場合であっても、あなたはその選択を実行する必要があります。あなたが他者と異なる道を行けば行くほど、あなたは特殊な存在となれるからです。

ストイックとは頑固と表裏一体と言えます。

Check Point

- ☑ 一度目標を設定したら、24時間、全身全霊でその目標のために力を注ごう。
- ☑「疲れた」「特別な日だから」という甘えは禁物。いかなる「例外」も短期集中期間においては許容しない。
- ☑ 弱音を吐くな。腹が減っても「減ってない」と言えるだけの痩せ我慢の精神を持て。
- ☑「自分で考え、納得した方法」からしか成功は生まれない。
- ☑ 他人の意見を鵜呑みにするな。情報としてまずは聞いて、あとは自分で決を出そう。

第2章　ビジネスの法則

人と群れるな。誰とも組まず、単独で突っ走れ！

私は群れない、誰とも組まない。
一人で突っ走る事で自由を得た。
その代わり、努力と責任は
全て引き受けてきた。
会社や強者に依存する生き方はもう古い。
あなたが今を変えたいと思うなら、
種を蒔き続ける事。
失敗を糧に、成功を積め。

ルール 6

会社に依存する生き方はもう終わりにしよう。

あなたは、なぜ今の会社に入ったのか？

先日、ドバイでテレビ朝日の番組の取材を受けた際、担当のディレクターさんに、「もし今、勤めている会社がなくなったらどうしますか？」と質問しました。

彼の答えは、「おぼろげながら将来の不安はありますが、会社が潰れるという想定自体にリアリティが全くありませんね」というものでした。それを聞いた時、「これこそが会社や社会の空気に依存している人の回答だな」と痛感しました。

何かに依存している人の特徴は、「将来に恐怖や危機感を持たない」という点です。

確かにテレビ朝日は国内有数の大手メディアですし、経営や収入が安定しているイメージがあるかもしれません。でも、ネットメディアが台頭する時代、何十年後もテレビ局が今と同じような地位を保っていられるかはわかりませんし、消えないまでもご自身の収入が少しずつ減っていく可能性はあります。

また、会社の業績自体が悪くなくても、意図せずして自分が何か不祥事を起こす可能性もあるし、とんでもなくストレスを感じる人間関係が生じて心理的に会社に居づらくなる事態だって起こり得ます。

考えられるこうした可能性を全て無視して、会社に依存する状態を続けるのはリスクでしかないのに、妄信的に自分は安泰だと思い込んでいるか、あるいはそこを考えても仕方ないと諦めているのです。


自分が会社に依存しているかどうかを測る目安になるのが「なぜ、この会社に入ったのですか？」という問いです。

もし、今のあなたが会社員として働いている場合、この質問を受けた時に、すぐに答える事はできるでしょうか？

この問いに即答できない、あるいは「給料を得るために働いている、皆がそうするから自分もそうした」などという答えが出てきた人は、もっともっと今の状態に危機感を抱くべきだと思います。

給料をもらうためだけに会社に通う状態は、会社に依存した存在でしかありません。

会社に依存した状態が続けば、上司の顔色を常に窺い、クビにならないために保身に走り、何事にも挑戦しないつまらない人間になってしまう可能性が高い。

好ましい回答としては「会社を活用して成長するため」とか、「会社から高給を掴み取ってそれを軍資金にするため」といった内容が即答で欲しいものです。

「別に問題を起こさず、安定した生活を送る事ができればそれでいいじゃないか」と思う人もいるかもしれません。しかし、安定というのは続かないようにできているのです。危機感を持って行動し続けた人だけが安定を維持できます。

危機感なく安定を妄信していたら、今後の長い人生で年を取った時や長い時間が経過した後、どうにも回避できない苦難やストレスが待ち受けているでしょう。そして、その時なんとかしようとしても、時、既に遅しとなっているはずです。

むしろ「いつでもこの会社を辞めたっていい」というくらいの強気のスタンスでいる人の方が、実はずっと良い仕事をします。

入社してどんなに年数が経過していたとしても、自分がその会社にいる意義や、「自分は本当にこの会社に入って良かったのか？」という疑いや、「自分はいつ会社を放り出されてもやっていける」という覚悟は常に持っておきましょう。

会社への依存度を下げよう

近年、心理学の分野で研究が進んでいるのが、「人間は安全が確保されている方が高い結果が出せる」という「心理的安全性」の存在です。

つまりそれは、何かに依存しない状態を作り出す事で、その人のパフォーマンスをより向上させるというものです。私も金銭への不安がなくなってからの方が、様々な物事の達成確度が高まっています。

例えば、日本のサラリーマン経営者は自身の生活も考え、「自分が責任を取らされないように、事を荒立てないで任期を全うしたい」と考えがちですが、実はこうした会社は事なかれ主義で保守的になっていくので、どんどん業績が衰退していくものなのです。

さらに、その任期中にはトラブルが生じなかったとしても、その人が辞任した途端に、これまで目をつぶり続けてきた問題のツケが回ってきて、トラブルが噴出するケースもあります。

アメリカなどの大企業ではそうした事態を避けるために、ＣＥＯを任命した後に、何十億円もの年俸を先に渡してしまう事もあるそうです。そうするとCEOは、「このお金があるから仮に会社をクビになっても大丈夫」という心理的な安心感から、経営者として思い切った決断や攻めの施策に取り組む事ができ、会社自体もより高い業績を残す事ができるのです。

何が言いたいのかというと、安全が確保されている方が良い仕事ができるのです。安全が確保されたら怠けるのではないか？と思うかもしれませんが、安全が確保されて怠けるのは二流の人です。私は、安全が確保されてからダイエットなどストイックな事に果敢に挑戦しています。つまり、逆なのです。

ですから、「こんな事をしたら会社から怒られるかもしれない」「こんな事を言ったらクビになるかもしれない」とビビっている人は、良いパフォーマンスを出せませんし、会社にとってもマイナスの存在です。

逆に「いつ切られても大丈夫」くらいの自信と余裕のある人がリスクを取り、思い切ってやった仕事の方が面白いものになりますし、突き抜けた結果を残す事ができます。

そして、後者になるためには、会社への依存度を下げる必要があります。

今、会社の仕事しかしていない人は、起業もしくは副業を始めてみて下さい。収入のパイプラインを本業以外に増やしてみる事で、会社への依存度はかなり下がるはず。そこに至って、ようやくスタートラインに立てたと言えるでしょう。

なお率直に本音を言って、副業禁止規定があってもこっそりやるくらいの「したたかさ」がなければ、今後は生き残る事はできなくなります。私から言わせれば、収入源が会社の給与だけというのは既にゲームオーバーに近い状態です。

Check Point

- ☑「なぜこの会社に入ったのか」という問いに即答できるか？
- ☑即答できない人は、会社に依存している思考停止状態だと自覚しよう。
- ☑将来に危機感を持っていない人は、いずれ必ず苦労する。
- ☑良い仕事をするのは、「いつ会社を辞めてもいい」と思っている人である。
- ☑小さくてもいいから、会社員と両立可能な副業や投資をすぐに始めよう。

ルール7

常に「一石二鳥以上」を狙って、人生を豊かにしよう。

全ての行動に「利」が絡んでいる

新しい事を始める時、そこに複数の実益や意味がないと動かない。

私はいつもそう思っています。

人生のモットーは「一石二鳥」、できれば「一石五鳥」。ある事に対して、最低2つ、可能であれば5つくらいのリターンを得たいと常日頃から虎視眈々と狙っています。たった一つのリターンしか得られない事は基本的にやりません。それでは少な過ぎるし、普通の結果しか生まないとわかっているからです。

一見、何気なくやっているように見える行為でも、私の場合、実は全ての行動に「利」が絡んでいると言えます。

現在、私はツイッターを頻繁に更新していますが、優良なツイートをする事で自分の考えが整理できるだけでなく、フォロワーが増えるメリットもあります。そして、ツイッターのフォロワー数が増えると「広告を出したい」というクライアントが増え、お金にもなります。

さらに言えば、影響力が高まり、何か始める時の仲間をすぐに見つける事もできるでしょう。

つまり、私にとってツイッターで呟く事は、幾重もの意味を成しているわけです。

でも、多くの人は非常に控えめで、例えば「この会社で働いて労働の対価として、給与という一つのリターンがあればいいか」と思いがちです。

でも、それでは普通の人と同じ結果しか得られず、突き抜けた存在にはなれません。会社で働くのは人脈作り、出資者集め、給与獲得、ノウハウ蓄積、恋人探しなど、一つの事をやるなら何個の利が取れるのか、と常々意識する貪欲さが大切です。

学生であれば、勉強の他に、創業メンバー探し、出資者探し、大人になってからは自由が制限されるからこそ暇な時間を活かした長期の海外渡航やインターン経験など、学生であるがゆえに幾重もの利を狙う事ができます。

実際、私は早稲田大学時代に大学主催のものだけでなく、上場企業主催のものも含めていくつものビジネスプランコンテストに出場しては人脈やノウハウ、情報を積んでいきました。アパレル分野でサクッと創業し、すぐに年商10億にできたのも大学時代にインターン先のＩＴベンチャーから学んでいたからですし、何より学生という「可愛いらしい身分」をふんだんに乱用し、銀座のクラブにタダで連れて行ってもらったり、上場企業の社長さんからシークレットな場面でお話を聞けるといった最高の環境を作り出していたからでもあります。

このように「一石二鳥以上」のメリットを常に考えないと、最短・最速の結果は出せないのです。


もし私自身が今から就職して会社員になるとしたら、

「将来的にこの分野のビジネスで独立したい」

「今後はこの会社の事業ドメインが社会トレンドに合致して上場するだろう」

「10倍、あるいは１００倍以上に業績がアップする可能性すらある」

などの基準を満たすような会社に就職するでしょう。


このように将来的に成長する可能性の高い会社で働けば、得られるメリットがたくさん広がるからです。そこは、額面の給与だけでは到底判断できません。それよりも隠れたその会社の将来性を見抜く方が、得られるものは莫大です。

今現在ではなく「将来」を見るという事はそれだけリスクが増すでしょうが、就職の失敗など、どうとでもなります。起業家ではない社員の立場での会社の倒産など、たいした事はないのです。なぜなら法的責任はないので他社に移動すればいいだけですから。そんな事すら怖いと思うならば、もはや起業などできません。それよりもリスクを取って今大きい会社よりも「これから大きくなる」会社に挑戦する事をお勧めします。その方が、あなたの人生はより飛躍するはずです。

例えば、成長可能性が高い会社の場合、事業が拡大するにつれてポジションが増えるので普通の会社よりも経営幹部になりやすいし、ストックオプションをもらえる可能性も高まります。仮に会社を離れて起業するにしても、成長産業についての知識やノウハウを持っている方が確実に後の人生の成功確率が上がるはずです。

誰もが会社を始める時はおんぼろの事務所で、吹けば飛ぶような状態からスタートです。これから大きくなる会社に就職する事で、なるべく小さくて不安定な環境に慣れてさえいれば、あなたが独立する時にもストレスなく立ち上げることができます。

こうした発想の背景には、常に大きな流れに乗る事が幸せになるための条件であると、私が考えているからでもあります。

また、将来伸びる会社を探そうとする行為自体が株式投資そのものなので、お金がなくても自分の人生を賭ける事で株式投資が体験できるのです。その就職が失敗しても、身を賭した分、より大きな成長が確実視されます。

今後は、就職に失敗した事がない人よりも、就職に失敗した事のある人の方が成功していくはずです。なぜなら、株式投資で失敗した事がない達人は一人とて存在していないのと同じだからです。会社を見極める失敗を繰り返す中で、より良い会社を肌で理解していけるようになるでしょう。

ポジティブな「職権乱用」「公私混同」もすべき

ちなみに「職権乱用」という言葉がありますが、ポジティブな職権乱用であれば、私はどんどんするべきだと思っています。

私がサラリーマンだったら、職権乱用ばかりしていただろうという確信があります。

例えば私が銀行の法人担当で企業のトップの方とお会いできる仕事だったら、全力で自分を覚えてもらい、好きになってもらい、そこから支援者を募ってでもして、会社とは別に自分のビジネスを立ち上げていくと思います。
「公私混同」と思われるかもしれませんが、そのくらい〝したたか〟でなければ、一石五鳥の人間にはなれません。

「汚い手は使いたくない」「自分は正当な方法で評価されたい」と思うかもしれませんが、それでは思考停止と変わりありません。本当に汚いと言えるのか？　正当とは何かすら疑う事が必要ですし、やるならいくつもの実益が重なるところを攻めるべきです。

与えられたルールと常識はもちろん一旦は守るものの、本質とルールが反すると思えば新しい解釈すら持ってきて、時に相手が上司であれ顧客であれ市場であれ政府であれ、説得もする覚悟です。

普通の人が1つの利益しか得られないところに、一度に5つの利益が得られるとしたら、人生の成果は5倍に膨れ上がります。

そう考えれば、人生が飛躍的に成長していく気がしませんか？

これこそが、「突き抜けるため」の秘訣なのです。

もしもあなた自身が「突き抜けたい」と思うのであれば、「正統派のままでいく」「常識の範囲で結果を出す」という考えを捨て、〝一石五鳥〟思考を持つよう心掛けて下さい。

Check Point

- ☑「利」が一つしかない行為は無駄。全ての行為に「一石二鳥以上」の利を求めよう。
- ☑一つの行動に一つの対価しか得られないならば平凡な結果しか待っていない。
- ☑会社員として働くなら、複数の実益が得られる「成長可能性の高い会社」を選べ。
- ☑ポジティブな「職権乱用」や「公私混同」は必要な時もある。周囲の声や目など気にするな。
- ☑あなたは今の仕事で何個の実益を得ているか、書き出してみよう。

ルール 8

「カゴの中のバッタ」になるな！

エリートがラットレースにはまる罠。

人は、牙を折られ「カゴの中のバッタ」になっていく

小さなカゴの中にバッタを入れ、一切外に出さずに育てると、バッタは「自分が生きている世界は、このカゴの中の高さしかない」と錯覚し、カゴの天井の高さまでしか飛べなくなる。自分の思考に限界を設けると、その枠を飛び越える事はできなくなる――。

これは有名な例え話ですが、人間についても全く同じ事が言えると私は思っています。

高校を出たら大学に進学して、就職活動をして、一斉に入社する。

会社に入ったら、同じようなスーツを着て、同じような時間に起きて、同じような時間に帰り、同じような家や車を買って、65歳か70歳までは働く。

このプロセスに対して何の疑問を抱いていないようであれば、既にあなたは「カゴの中のバッタ」になっているのかもしれません。

たまに大学時代の同級生の近況を知る機会がある度に、「あぁ、あんなに壮大な夢を語ってすごくなりそうだと思っていた奴が、牙を折られてしまったな」と思う瞬間

が多々あります。

私が大学時代に参加したビジネスコンテストの合宿を例に取ってみましょう。

そのビジネスコンテストは、確か全国から５０００名くらいの応募者があって、そこから最終的に選ばれた１１７名の学生向けに開催されたものでした。

集まった学生は全員キャラが濃くて、とにかく面白い人々ばかりでした。みんながギラギラしていて、「将来は上場企業のオーナーになりたい」「数千億の売り上げを立てる企業を作りたい」など、将来の夢やプランを熱く語っていました。

それを見て、「大学生なんてつまらない奴ばかりだ」と思っていた私も、「大学生にもすごい奴らがいるんだな」と衝撃を受けたものです。

しかし、あれから十数年。起業して本当に辞めずに生き抜いているのは、１１７名中たった数名だけ。それを知った時、私は「あぁ、みんな『カゴの中のバッタ』になったのだな」と思ったのです。

そもそも日本には起業する人が少ないし、彼らの多くは東大や京大、早稲田や慶応、一橋といったエリート大学の出身者ばかり。頭が良くて温室育ちの人間は挫折知らずで、これまでの人生で失敗をした経験は少ないでしょう。それが社会に放り出されて現実を知り、牙を折られていくというわけです。

いざ「起業」という、正解が用意されていない世界に放り出されると、怖くて戸惑ってしまう。だから多くの人は、商社や大手メーカー、金融機関というような誰もが「すごいね」と言いそうな有名企業へと就職していったのだと思います。

あれほどに尖っていた彼らでも、結局最後は現実的に就職し会社員として目立つ事もなく、結婚して子供を生み、家を買い、平穏な人生を歩んでいるわけです。

カゴの中にいる彼らを非難する気は全くありません。どのように生きるのも我々の自由です。ただ、果たしてカゴの中の人生が本当に幸せなのか。私は常々疑問に思っています。

横並びでは、得られるものはごくわずか

カゴの中の世界は、一見、安泰に見えるかもしれません。

でも、カゴの中にいる間は、どんなに出世してもラットレースにはめ込まれたまま年老いていき、気が付けばカゴから脱出する気持ちやエネルギーもなくなっていきます。

会社内で高給や肩書を得たとしてもたかが知れていますし、そのお金や名誉も、「自由」がなければ意味がありません。いつまで経っても他人に作られた価値観やシステムの中で動いていかなければならないし、時間的な「自由」も引退まで得られないわけです。

人から出してもらったお金、人を頼った行動、人から植え付けられた常識や価値観……これらがある限り、あなたの人生は束縛されたままです。

選択権のある人生を生きない限り、突き抜けた人間にはなれません。

私の父はスタンフォード大学のMBAを取得し、あなたもご存じの日本の財閥系の上場企業の役員を務めた後、今はその財閥グループの子会社社長になり、先日NHKにも出演していました。社会的に見ればかなり恵まれたエリートだと思います。が、以前、父に会った際に耳を疑ったのが「お前は稼いでいていいなぁ。父さんなんて、お前に比べれば雀の涙のお金しかもらってないよ」という一言でした。

新卒で入った会社に心血を注いで働き、40年も同じ一つの会社で競争を勝ち抜いて役員にまで上り詰めた人でも、十分に使えるお金がないなんて……と愕然としたのです。

人と横並びに同じ事をやったのでは、結局、得られるものはごくわずかです。

会社員という「カゴ」の中にいる限り、横並びの人生を強制され、会社に貢献はしたものの搾り取られただけで自分にはほとんど何も残らないという結果も起こり得るのです。

高収入でエリートサラリーマンになっても、タワーマンションに住んで、高級車に乗り、子供を私立学校に通わせ、住宅ローンや教育費を払うために必死で会社で働いているだけの人生に陥ってはいないでしょうか。

「日本型カースト制」という言葉があります。乗ってる車の車種やタワマンの階数、子供の学校のレベルなどで親たちが高慢になったり劣等感を感じたりするそうです。こういうのを見るにつけ「くだらない」と思います。カゴの中のサラリーマン家庭こそ旦那の階級や学歴に縛られているわけですが、そもそもが小さな世界の「しょぼい」話なわけです。

もしこういった状態に陥っているならば、いち早くそこからの脱出を試みる事をお勧めします。

疑うというのは全ての始まりです。どんな常識もひたすら疑う事から、自立が始まっていきます。いい加減に、ブランド大学、ブランド企業、すごそうな肩書とかそういった労働者を納得させる仕組みの罠に気が付くべきです。

これからは個人商店の方がかっこいい時代が必ず来ますよ。

Check Point

- ☑進学、就職、結婚。人と同じレールに乗る人生に、もっと疑問を持とう。
- ☑「カゴの中のバッタ」になる人生は一見安泰だが、一生他人に支配され続ける。
- ☑肩書があるエリートでも、「自由」がないならラットレースと変わらない。
- ☑高給取りと言われる人達は、本当の富裕層から見れば実は薄給、低資産でしかない。
- ☑人と横並びに同じ事をしているうちは、得られるものは少ない。
- ☑今の状況を疑え。そして、脱出を試みよ。

ルール 9

群れるな。

成功するためには最少人数を保て。

「一人」でいる事がビジネス成功のカギ

投資家のウォーレン・バフェットをご存じでしょうか。

彼は個人資産9兆円を持つ〝世界一成功した投資家〟と言われる人物ですが、その独自の哲学でも知られています。

彼の哲学で私が最も賛同するのは、「決して群れない」という点です。

ウォーレン・バフェットは投資家でありながら、NYにあるウォール街の風潮や考え方を嫌っています。一度は20代で都会に出るも数年ですぐに引っ込み、現在に至るまで、ネブラスカ州の片田舎のオマハに住み、投資家としての活動を続けています。

私自身、日本では港区のど真ん中に住み、常に誰かに囲まれ、一日の大半を人と会う事に費やしていました。でも、２０１４年に海外に渡り、ほとんどの時間を妻子と過ごし、家族以外の人と会う事はごく稀です。

その結果、日本で何百人もの人を動かして得ていた当時の収入をはるかに上回り、現在は年間10億円前後の純利益としての収入をわずか一人で稼ぎ出す事ができるようになりました。個人投資家であり、個人事業主なので年による波はあるものの、

2017年は25億円ほどの確定純益を一人で稼ぎ出しました。

なぜ一人でいる事が、ビジネスで成功するカギになるのか。

まず、その理由の一つが、「自分と向き合う時間が持てる」という点です。

ビジネスで成功するためには、時には人に会いに行く事や、誰かと議論する事も必要でしょう。でも、基本的に人間は「一人の時間」を持たない限り、新しいものを生み出し育てることができません。周囲にいつも他人がいると、影響を受けたり邪魔されたり意識が散漫になったりで、自分の軸が定まらないのです。

また、知らず知らずのうちに仲間に依存したり、やってくれる事を期待したりします。例えば社長なら社員がやってくれる事を期待するようになり、上司の立場であれば部下がやってくれる事を期待するようになります。また、同僚が成果を上げてくる事を期待して待っていたりするようにもなるのです。

「率先垂範」という言葉がありますが、たくさんの人に囲まれた人物が実際にこれをやっていくのはほとんど不可能です。知らず知らずのうちに、周囲を頼る癖がついてしまうからです。

成功するためには、自分の競争優位を磨くために己と向き合い、洗練させる必要があるわけですが、自分の強みを磨き、戦略を練る、そのためには高い集中力と、誰にも邪魔されない長い時間が絶対に必要です。

さらに何よりも言いたいのは、他人を頼らない事。自分で調べ、自分で決断し、自分で実行するのが当たり前という環境に身を置く必要があるのです。群れない一匹狼になれば、強制的に誰かを頼る事はできなくなるため、自然と思考力、決断力、実行力、いずれも強く逞しくなっていきます。今の私は、日本にいた時の群れていた私よりも、何十倍も強い決断力と判断力と思考力、実行力を持っています。もはや比にならないレベルです。

二つ目の理由が「一人でやると、あらゆる物事のスピードが速くなる」という点です。大人数で行動していると、何かを決定する場合にどうしても合議制が必要になり、余計な手間が増えて物事の決断のスピードが遅くなってしまいます。

とても画期的なアイディアを手にしたにもかかわらず、いろいろと社内で調整していたために時機を逸し、気付けば儲け時を逃してしまった……というケースは往々にして起こります。投資アイディアも時間が過ぎたら無価値になるものは多々ありますが、一人役員会ならば、今日見つけた銘柄に今すぐ投資実行が可能なのです。これぞ優位性です。

三つ目の理由は、「一人であればあるほど、本気が出る」という点です。

人間は一人でいると責任の所在が自分にあり「他の誰のせいにもできない」というプレッシャーが生じます。この事によって、より真剣に物事に取り組むようになります。また、リターンは自分だけのものですから、やる気にも拍車がかかるのです。

反対に、大人数だとどうしても責任の所在が曖昧になってしまい、「誰かがやってくれるだろう」「上手くいかなくても皆の責任だ」等となってしまい、結局本気になれない事が多いのではないでしょうか。

当然、成果も案分していく事になりますから、得られる果実も少ないわけです。

そして、四つ目の理由は「固定費がなくなり、常に余裕を持てる」という点です。

確かに人を増やして事業を拡大すれば、一時的に売り上げは増えるかもしれません。

しかし、固定費という持続的な〝コスト〟は毎月、間断なく増加していく事にもなります。最大の問題は、固定費は毎月一定額を支払い続けなければならないのに対して、肝心の売り上げには安定性と確実性が一切ないという点です。

固定費が増えたのに売り上げが下がってしまうと、今まで出ていた利益も出なくなるだけでなく、それまでの利益を食いつぶし、最終的には起業家の私財を費やしても足りないという事態が往々にして起きてしまうのです。

そして悲しい現実として、規模を拡大した際に売り上げが順調に伸びていくよりも、売り上げがついてこない可能性の方が実は極めて高いのです。

日々刻々と、マーケットは激変する時代です。いかに世の中の潮流に合わせたビジネスであっても、それは一過性のもので終わる可能性が高い。特に起業家は短期的に何か一つでも上手くいくと勘違いを起こします。「これが上手くいくならコピーして拡大していけばいい」とか、「横展開ができる」だとか、ほとんどの場合は短期的かつ局所的な勝利なのですが、それを持続可能、拡大可能と勘違いするわけです。

なおかつ、一度固定費を拡大してしまうと、それを抑えるためには、かなりの時間と手間、お金、その他の代償を必要とします。

私個人の経験ですが、２０１４年当時、六本木の黒崎ビル２６０坪（家賃月額５００万円）と新宿アイランドタワー、確か１００坪くらい（家賃月額３００万円くらい）の２つのオフィスを持っていましたが、これら定期借家契約を解約するために家賃12か月分の違約金を支払うはめになりました。撤退や縮小にも大きなコストがかかるのです。

人を増やして仮に事業が軌道に乗ったとしても、その後、自分のビジネスを完全に自動化するのは不可能です。マーケットの状況は刻一刻と変化するため、社長自らが目を見開き続けて、社会の情勢に合わせてビジネスの調整や改善を続ける必要があります。これはどんな優秀で巨大な企業であっても同じです。一度の成功体験にあぐらをかいていたら、すぐに失速する。筋トレと同じで始めたら最後、引退するまで目を光らせ続ける必要があるのです。

もちろん上場をはじめとして、人を増やす事、規模を大きくする事でしか達成できない大きな目標もありますし、万に一つの可能性で事業を順調に自分が死ぬまで未来永劫大きく拡大していける場合もあるでしょう。私はその挑戦に二度失敗し、一生楽になれない実業家は自分には向いていないと思いました。
　あなたがお金持ちを目指すうえでどちらの道が合っているかはわかりませんが、崇高で壮大な目標を持たないのであれば、たった一人でビジネスを生み、個人でブチ抜いた存在を目指す方が、よっぽど成功確率は高く、失敗確率も低いと断言したいと思います。そして、私が目指す個人の道の先に崇高で壮大な世界がないとも言い切れないのです。

Check Point

- ☑一人になったからこそ、経営者時代より莫大な個人資産を稼げるようになった。
- ☑誰にも邪魔されない「一人で考える時間」を作っているか。それが自分の軸となる。
- ☑人と群れるな。一人でやって成果を総取りしよう。
- ☑事業を拡大するのは簡単だが、もし撤退せざるを得ない場合は惨事になる。一人の方が楽にブチ抜ける。

ルール10

共感を求めるな！全員の想定の圧倒的斜め上をいく結果を出せ。

圧倒的斜め上のアイディアを絞り出す

私がこれまでの人生で常に気を配ってきたのが、いかにして会った人全員を味方に付けるか。そして、「どうやって相手に一目置かせる事ができるのか」というものでした。

一目置いてもらう事さえできれば、初対面の相手であっても交渉は有利に進みますし、その後の話の発展も早くなります。

でも、何も持たない人間が一目置いてもらう事はできません。何らかの実績や惹き付ける何かを持つ必要があります。

他人から一目置かれる存在になるための方法として、私が最もお勧めしたいのが「誰もが想像しなかった結果を出す」というものです。

基準はごくごく単純です。周囲の人が驚くような〝圧倒的斜め上〟の結果であるかどうか。それだけです。

「あぁ、○○さんもやってたよ」と類似事例がすぐに浮かぶようなものではダメですし、「それいいね」と簡単に共感されるのもダメです。10人中9人が「何それ?」「無理に決まってるよ」「よくわからない」「変な人だね」と反応してくれるのが理想的です。

例えば先日、私が日本を訪れた際、東京・港区にある4億円の高級マンションを内見しました。その際、玄関を開けて2秒で「現金ですぐ支払いをするので、これ買います」と決断しました。

4億円の買い物をする際、多くの人はもっと吟味しますから、数多くの人にマンションを売ってきた不動産仲介の担当の方も「もっと考えなくても大丈夫ですか?」と言いたそうでした。正直、「こいつ、ヤバいな」と引かれていたと思います。

でも、その結果、「与沢は2秒で4億円の買い物をしたらしい」といろんな人に面白がられ、フォロワー数も伸びるし、メディアの取材もあったし、良い話題作りにもなりました。今ではこの買い物が界隈で噂になっていると聞いています。

これは直近の事例のただの一つです。実は私は日常的にこういう行動をしています。

日本の不動産だけでなく、海外でもいつもこんな感じです。

何が言いたいのかというと、他人の想定の範囲内に留まっていてはいけない、という事です。どんなアクションであっても、驚かれる事が大切なのです。普通の人が考える「斜め上」の行動が望ましく、あまり〝共感されない驚きの行動〟が最適です。

今まで誰もやった事がないアプローチで周囲を圧倒する

20代で私がアパレル会社を経営していた時代に、顧客の予想を裏切るためによくやっていたのが「サプライズする」という方法です。

当時から「サプライズがあるとモノは売れる」というのを定石として取り入れていました。今ではよくあるのかは知りませんが、例えば「この服を買うとモデルのポラロイド生写真がついてくる」「1円でTシャツが買える！」など、私がアパレルビジネスを始めた頃は、主流ではありませんでした。

これも全て、サプライズです。1円Tシャツについては口コミで顧客が顧客を呼んで来てくれるのを期待したものでしたが、結果的に、それ目当てにより多くのロイヤルカスタマーを獲得できたのです。

実はたった一つのこの例だけではなく、私は人生全体を通じて毎月のようにこのような突飛なアイディアを実行してきています。毎月というか毎日アイディアを出して、それを試しているわけです。

今ではツイッターがそうですが、想像の斜め上を呟くとバズるわけです。これもアイディアの一種で、当たらない事もありますが、当たったものは世に反映されています。

私は海外に出てからいかなる広告費も、1円たりとも出した事はありません。アイディア一つでコストを全くかけずにモノでも情報でも売れるから、広告など出す必要はないのです。インスタ投稿だけで満室集客のホテルがありますが、今、マーケティングの主戦場はアイディアになっています。

斜め上のアイディアは、営業や企画など、どんな仕事にも活かせるのではないでしょうか。

私が不動産の営業マンだったら、他の同僚達では到底連れて来ないようなお客さんを掴まえようと斜め上の努力をするでしょう。

普通の営業マンがファミリー向け物件を一件一件、普通の見込み客リストに営業していく中、自分は爆買い中国人のような大富豪や、投資家の巨額のお金を動かせるようなファンドマネージャーがどこにいるのかを探し、彼らの恋人探しでも手伝いながら感謝されつつ、強烈な情報でも添えて巧妙に溶け込む方法を考え、ワンフロアぶち抜きで全部買ってもらう、そんな営業スタイルを目指すはずです。

つまり、普通の先輩がやっているようなプロセスをなぞるだけではダメなのです。今まで誰も見た事も聞いた事もないようなアプローチで、周囲を圧倒させるにはどうすればいいかを考えていく必要があります。

ですが、これらに定石はなく、絶対にこれなら勝てるという必勝法もありません。環境やその時代の空気、社会情勢、相手次第にもよって「これをやったら面白いだろう」「これなら今、可能性があるだろう」というものを、自分でその都度、考えていく必要があります。

だからこその「奇策」なのです。

でも、それを当てられた時、それによって、あなたへの評価は大きく変わるでしょう。

そのためには、私が今ツイッターでやっているように日々面白い呟きをするためのアイディア出しのように、日頃の相当な訓練が必要で、そのためには社会をより深く観察していなければならないのです。気付き力（観察力）がない人は斜め上のアイディアを連続してヒットさせていく事ができないからです。

Check Point

- ☑いかに人に「一目置いてもらえるか」を徹底的に考えよう。
- ☑「誰も」想像していない結果を出せ。
- ☑10人に言ったら9人が「何それ？」と思う〝圧倒的斜め上〟の発想を持て。
- ☑時代の流れを読み、「今、一番面白い」と思うものを用意しろ。
- ☑常に周囲を「サプライズ」する訓練をせよ。

ルール11

ブチ抜き続けるためには一発逆転は狙うな。「拡張性」を考えろ。

一度の偶然による成功体験が足を引っ張り続ける

ビジネスで成功したいという人の大半が抱くのは「一発逆転」、つまりワンチャン当てたいという考え方です。

「ヒットアイディアで一発当てて、人生遊んで暮らしたい」

「儲かるビジネスを掘り当てたい」

これらの考えを持つ事自体は悪くはないと思いますが、一発逆転はごく一時的なものでしかなく、長期的に見ると失敗するケースも多いものです。時と場合によっては、「一発逆転」は害悪にすらなり得ます。

なぜ「一発逆転」が害なのか。

まず、一つの偶然を「全ての真理」だと誤解しやすくなるという点です。

一度の偶然による成功体験により植え付けられた誤った考えが、将来に渡ってあなたの足を引っ張り続けます。

さらに、その一発逆転で人生を甘く捉えてしまうのです。

私自身は稼ぐ事は1回ではなく、一生続けるものという認識を持っています。

なぜなら、一発で稼ぐ金額よりも、持続的に稼ぎ続けて複利で増やしていく方が、得られる純資産は膨大なものになるとわかっているからです。

例えば、1回10億円を当てるビジネスよりも、コンスタントに10年間3億円を毎年稼ぎ続け、そのお金を元に初年度から複利で増やす方が、はるかに膨大な利益が手元に残ります。

つまり、「一発で儲かる仕事」を探すよりも、「儲かるようにした仕事を、長く続ける」のが最大の秘訣です。稼ぐなら、稼ぎ続けないと意味はないのです。「稼ぐ」という事を単発的なものとして捉えている限り、突き抜けた成功を生む事は不可能です。

成功している人とは、誰も真似できないくらい10年、20年とそれを変化させつつも、持続できている人の事を指します。

拡張性＝スケーラビリティを意識せよ

では、突き抜けた存在になるためにはどうしたらいいのか。

一つの成功体験にあぐらをかくのではなく、いかにその成功体験を今後別の方向に拡げていけるのか。そのビジネスの「拡張性」（スケーラビリティ）を考えていきましょう。

例えば、年間5億円のビジネスに成長したら、その5億円に甘んじていてはいけません。

次の一手として、5億円のビジネスを生んだ成功体験を本にしたり、ブログに書いたりして世の中に伝える。すると、その本をきっかけに、例えばノウハウを売るなどして10億円のビジネスにさらに成長するかもしれませんし、フランチャイズをやって年間50億円の新しいビジネスが生まれるかもしれません。

一つひとつの事を積み上げていくという発想を作らないと、せっかくの成功体験も全てがブツ切りになってしまいます。これは非常にもったいない事です。伸びた時にさらに伸ばすのは定石です。

私の場合、仮想通貨で成功した事から、様々な仮想通貨会社から広告が入るようになり、先日も海外の仮想通貨会社から大きな広告を頂戴しました。また、儲けて出金した14億円は1か月も経たずに全額を別の資産に再投資しています。

さらに、仮想通貨でツイッターやLINE@の読者さんが増える中、65日間22kg

のダイエットを行って一層読者が増え、新たな広告収入を生む事にも成功しました。一つの成功体験を糧に、次のアクションを直ちに起こす事が大切なのです。

注意点としては、拡張性がないビジネスを選ばないようにするという点です。せっかくブチ抜いた存在になっても、拡張性のないビジネスだと拡がりが生まれません。これは前述した一石五鳥の考え方にも通じる話ですが、何かを成功させたらそれを元手に次に繋げるという発想が絶対に必要不可欠なのです。

例えば、あえて流行しているサロンビジネスで例えるなら、多くの人は大手の運営元に管理された状態でサロン運営をしていますが、本当にそれでいいのか。

誰かの運営の下でやっている以上は、いかにユーザー数や会員数が増えたとしても自由を制限されますし、システムの改善もその会社依存となり、文化やルールも他のサロンと横並びになる。完全独立ではないのです。また、収益分配の負担も小さな額ではないでしょう。

ならば、「運営の傘から外れて自分のアイディアで自由にやった方がいいのではないか」と、どんな時も疑問を持ち続け、より理想的な環境を作りたいと思い続ける事が必要です。

もちろん大手のブランドや外注のメリットも重々理解していますが、同じ事をやっても収入や改善の自由が限定され、顧客リストがプラットフォームに握られてしまうのは、将来の拡張可能性を考えるともったいない事です。

もちろん大きな何かを頼らないという事は、それだけ最初が大変なのですが、後から拡張性を考えると独力でやってきて良かったと思うことばかりなのです。

私がもしもやるなら、料金体系やコミュニティの仕組みそのものなど、根本から発想を変えて独自に自由に組み立てると思います。

私は、どんなビジネスであっても、まず始める時に後で後悔や制約が生じないよう、とことん考え抜きます。そして、予期される障害は最初に100%排除しておきます。

昔、テレビに出ていた頃は、いろんな芸能事務所から「所属しませんか」というオファーを受けましたが、自分が契約で縛られ、自由や拡張性が失われるのが嫌だったので全てお断りしました。

以来、私にマネージャーはいませんし、全て自分で１００％決められる状態です。

ここで多くの人は、「そもそも売れなければ意味がないから、大手の傘に入る意義はある」と考える事でしょう。

しかし私の考え方は違っていて、「売れたとしても制約と依存の下、強大なパワーを借りて売れたなら意味はない」と思っているのです。

例えばもし芸能人を目指すとした場合、まずネットで話題の人物になり、自己マネジメントする会社を１００％オーナーで作っておき、その会社でテレビのオファーを受けていくでしょう。

私はそもそも芸能人ではないしそこを目指してもいませんが、どんな時でも徒手空拳の弱小であったとしても、どれだけ恥をかこうとも、制約がない大前提の上で常にアイディアと独力を持って突き抜けるという方法を選びます。

私は「異色の存在」にこそ価値があると思っていますし、事実、私は今どこのジャンルにも属さない生き方をしています。

それは将来の自由のためで、今苦労してでもそうしておく必要があると考えているからです。安易で楽な道には流れません。

ブチ抜いた存在になるためには、ブチ抜くための土台が必要です。単に成功したいではなく、成功した後の事も考慮し、「拡張性」を考えておく。ここで、あなたが突き抜けられるかどうかが、大きく左右されるのだと心しましょう。

Check Point

☑一度の成功体験で、人生を甘く捉えていないか?
☑一発で儲かる仕事ではなく、長く儲かり続けられる仕事を作れ。
☑成功体験は積み重ねて再利用していく事に価値がある。ブツ切りに分断して放置するな。
☑始める前から、次に繋げる「拡張性」(スケーラビリティ)を考えて動こう。

ルール12

人の能力自体に差はない。
勝敗を分けるのは「どれだけ
種を蒔き続け、
失敗を積むか」。

人の能力にはあまり差がない

最近、20～30代の若い人の声を聞いていると、「失敗を恐れる人が異様に多いな」と感じます。彼らの多くは日々の仕事に不満はあっても、自分が傷つくのが怖いから、失敗したくないから、あえて自分からは行動しない。そんな人が多いような気がします。

仮に私が会社員で生涯辞められないという条件だったならば、成長性がある会社に入社し、社長になるために全人生を賭けます。そこで働く以上、どれだけ早くその組織を動かせる幹部になれるのかを徹底的に考え抜くと思います。

こういうと、「いやいや、それは与沢さんだからできるのでしょう。私には到底真似できません」と言われるかもしれません。現に、こういう意見が私のネットに飛んできたりします。

でも私自身、人間にはあまり能力の差はないと思っています。

その証拠に、財務諸表なんて全然読めない学歴のない人や、勉強なんてしてこなかったけれども行動力だけはある人が、ユニコーン企業を作る事だってあるわけです。

「自分は頭が悪い」とか「才能がない」と言って悲観する必要はありません。むしろ、それらの自己不信が自分の思考を停止させ、行動を萎縮させる元凶であると、きちんと意識して欲しいと思います。

私はこれまでにたくさんの成功者達を見てきましたが、頭の良さだけで成功には結び付いてはいません。

数々のタイプの成功者がいる中でも、一番強いと思うのは「失敗を恐れず、種を蒔き続けられる」タイプです。種を蒔かないと、人はどれだけ優れた資質を持っていたとしても、何も生む事はできないからです。

逆に言えば、資質や才能を気にする以前に、「種を蒔く事」を続けられた人しか成功者にはなれないのです。

先にもご紹介したように、私が大学時代に参加したベンチャービジネスコンテストに参加したおそらく５０００名のうち、私が知る限りではありますが、起業し生き残っているのは私を含めてたった数名程度です。

では、他の５０００名弱は、私よりも才能がなかったのかというと、当然ですが決してそうではありません。

ただ、私と彼らとの大きな違いは、私が失敗を恐れず勇気を持って「種を蒔き続けた」のに対し、彼らは恐怖心に負けて、そもそも「種を蒔かなかった」か「種を蒔いてみたけど途中で蒔き続けるのを止めてしまった」だけです。

私は何かを始める時、７割くらいの不確実性を感じる状態であっても、「何とかなるかもしれない」という希望が3割くらいでもあれば、「えいや」とばかりに飛び込み、ひたすら種を蒔き続けます。可能性の小さい道を進む事こそが大きなリターンに繋がると心得ているからです。

でも、多くの人はその比率が逆で、時には9割方成功の可能性を感じない限り、種を蒔く事すらしません。だから、当然なのですが、芽は出ないのです。

しかしよく考えると、起業も投資も副業も何もかも成功できるのは5％か10％くらいのものだと言われます。もしその確率で考えたら、もはや何も挑戦はできなくなりますよね。起業が失敗する確率はよくデータとしても取り上げられますが、そもそも

8割くらいの人は本気でやっていないだけです。起業した人の2割くらいの人が本気でやっていて、その2割の半分か4分の1が成功するから10％か5％程度の成功率になると思っています。はなからやる気ない人はデータに含まないで欲しいと、私はいつも思ってみています。

実際に起業したり投資したりしてきた身としては、成功率が1割などという意見に対して、「実際はそんなに低くないよ」と実感しています。どんな物事であっても本気でやった人の半分くらいは上手くいくというのが私の本音です。

今後、どこかで少ない確率にフォーカスしてリスク喚起する話をされたら無視する事をお勧めします。

「ああ、やる気ない人を含んだ数字ね」と思うくらいにしておきましょう。

種を蒔き続け、どんどん失敗を積み重ねよう

今、あなた自身は何か種を蒔いているでしょうか？

種となるものは、起業でも副業でも習い事でも何でもかまいません。世の中の大半の人が種も蒔かずに思考停止している状態は、いわば誰も手をつけていない広大な金

脈が無限に広がっているのと同じ。

あなたがするべきは、ただ種を蒔き続ける事だけです。

それらの種が全て花を咲かせて実をつけるとは必ずしも限りません。でも、仮に失敗したとしても大いなる成長がありますので、小さい事は気にせず、失敗を恐れず、そのまま蒔き続けて下さい。

私自身、これまでに何度となく失敗を繰り返してきました。その度に、「取り返しのつかない事をした」「もう人生が終わった」「こんな事やらなきゃよかった」と何度となく思いました。

でも、一度起きた事はもう巻き戻せません。その失敗から何かを学び、次に繋げる事しかできないのです。

今になって振り返ると、「あの失敗があったからこそ、今の自分がある」とつくづく思います。取り返しがつかないほどの失敗なんて、人生には実際にはほとんどないのです。

私はよく「死ぬ事以外リスクじゃない」と言ってきましたが、それは真実でして、生きてさえいればどんな挽回も可能です。

失敗があったからこそ、私は組織を運営するビジネスより、一人でやる方が自分には合っていると知る事ができ、会社経営をしていた頃よりも、今の方が圧倒的に高い利益を上げる事に成功しています。まさか誰も100人の組織より1人の方が稼げるなど思いもしませんよね。これこそが斜め上の成果なわけですが、これは常識を常に疑い、どんな弱小の状態であっても悲観せずにアイディアで突き抜けてきた結果です。

アパレルをやって在庫管理は私には向かないと理解できたし、その失敗によって情報を取り扱うという道にも出会えた。もし私が会社を倒産させたり解散させたりした経験がなければ、未だに組織経営を続けていたはずで、すると今でもストレスを抱え、社員の心配もして、今頃、本など悠長に書けてはいなかった事でしょう。

また、国税局に管轄されなければ税率の安い海外など見ようともしませんでしたから、海外での今の成功もまた生まれてはいませんでした。そう考えると、失敗したおかげだと思わずにはいられないのです。

成功だけを続けられる人間は、誰もいません。失敗をしない人間はいないのです。失敗から何かを学ぶ。失敗するのは当たり前。それを織り込んで、どんどん積極的に種を蒔き、失敗を積み重ねていって欲しいと思います。最高の失敗を続けたら、それがきっかけとなって、あなたは近い将来、きっと自分の望んだ成功者になれているはずです。失敗は将来のあなたのための宝です。

Check Point

- ☑人間の能力にほとんど差はない。「頭が悪い」「才能がない」と悲観する必要はない。
- ☑種を蒔き続けているか？　たったそれだけの違いで成功者になるか否かが分かれる。
- ☑行動を起こすのに、9割の確実性を求めていないだろうか？　確率の低い道に進む方こそが結果的に大きく成功できる。
- ☑一度起きた事は巻き戻せない。素直に失敗から学ぶだけであなたは伸びるから心配はない。
- ☑失敗しない人はいない。失敗して当たり前。

勝負は、チャンスが来る前から始まっている

第3章 投資の成功法則

投資のチャンスはそう多くはない。
日々、準備をしておかないと
チャンスがいざ訪れた時、
すぐに乗る事ができない。
リスクを取った人にしか、
リターンはあり得ない。
勝負は、チャンスが来る前から
既に始まっている。

ルール 13

自分をワクワクさせるものを探し、
いつでも乗り出せるように

心と資金を
準備しておく。

勝負は、チャンスが訪れる前から始まっている。

世界中に40戸、総額45億円の不動産を所有

２０１４年に会社を解散して、海外移住した時、私には資産が全くありませんでした。ですが、２０１８年現在ではおよそ70億円の純資産を持っています。負債は０です。

なぜ、たった４年でそこまで財を成す事ができたのか。その最大の要因は、私が実業家を辞め、固定費のない個人投資家としての道を歩んだからです。

まず、２０１４年の11月にシンガポールに移住した後、２０１５年半ばから開始したのが「海外不動産投資」でした。

海外不動産に手を出したきっかけはごく単純で、テレビ東京のドキュメンタリー番組『未来世紀ジパング』で、未来都市を建設中のマレーシアのジョホールバルの特集があり、それが私にとっては魅力的に思えたからです。

都市建設は多くの雇用や産業を生み出し、その国の経済成長を支えます。それを見た時、海外で生きていくならば、今後は不動産投資による現地通貨の稼得が欠かせないのではと思い、翌日「海外不動産」と検索して、検索のトップに出てきた会社に連絡して、「いくつか物件を見せてもらえないか」と話しました。

入手した物件は、キャッシュで全て支払い済みです。

それらの元手資金としては、海外移住した２０１４年から貯えていた株やＦＸの短期トレードによる収益、ネットでのオンラインビジネススクールや不動産仲介、アフィリエイトや広告などによる収入15億円。その資金を皮切りに、毎月キャッシュができれば海外不動産を買っていきました。

現在、ドバイのブルジュ・ハリファをはじめ、バンコクのザ・リッツ・カールトンレジデンス、マレーシアのフォーシーズンズレジデンス、フィリピンのグランドハイアットレジデンスやシェラトンレジデンス、日本では東京ミッドタウンの前の高級タワーレジデンスなど、ちょうど40の物件を所有しており、取得価額で見ても総額は45億円を超えます。

どこもこれからの成長が見込める場所ばかりなので、10年、20年のスパンでの値上がりを期待してキャピタルゲインを狙っています。未完成の物件も多いのですが、物件が完成し次第、賃貸にも出して、そこから賃料収入を得る事も考えています。

日本株も長らくトレードをしてきましたが、２０１７年8月に1億円を投じたＳＢ

Ｉホールディングス株では、途中、多少の短期売買も繰り返しながら２０１８年5月に全額決済し、倍の2億円になりました。他にも、一部の限られたコミュニティ以外ではあまり公開をしていませんが、日本株であれば短期売買として１００くらいの銘柄を買っては売ってを繰り返して稼いでいました。

なお私はシンガポールの証券会社を使っており空売りや信用取引はできないため、日本株においては全て現物の買いでしか入れません。しかしながら、日本のほぼ全銘柄が売買可能です。

また、仮想通貨のリップルにも1億３５００万円を投資して、最大27億円程度の含み資産となり、２０１７年12月末から２０１８年1月初旬にかけて合計で14億円の利益確定及び出金をしました。

他に、中東の株（ＥＭＡＡＲなど）で短期投資を繰り返し、ＵＡＥディルハムを増やす事にも成功しました。また、ドバイの保険商品（ＴＡＫＡＦＵＬ、ＵＮＩＯＮ ＩＮＳＵＲＡＮＣＥなど）にも合計1億８０００万円を投じ、既に含み益は出ていますが、こちらも大きな結果が出るのは数年以降先になると思います。

勝負は、チャンスが訪れる前から始まっている

「面白き事もなき世を面白く 住みなすものは心なりけり」

これは、幕末の風雲児・高杉晋作が遺した言葉です。意味としては、「心の持ち方、心の有り様でいかようにも世界を捉えられる」というもの。これは投資にも全く同じ事が言えます。

海外移住後には、「なぜ与沢はあんなに稼ぐ事ができるんだ?」と一部コミュニティでは話題になっていました。その理由は非常にシンプルです。それは、自ら投資機会を見つけているからです。

自らの目で投資機会を見つける事ができるようになれば、人生はこれ以上面白い事はありません。「投資したいものがない」と不平不満を口にするのではなく、自分の心がワクワクドキドキするようなものを探す事が大切です。また、適当に良さそうなのを見繕って投資するのではなく、深く調べたうえで損失の覚悟も持って投資する事が大切です。

例えば今、自由に使えるお金が10億円あるとして、その使い道をパッと思い浮かべる事ができるでしょうか？

もしすぐに思い浮かばなかったら、それはあなたが日頃から調査する意欲に欠けていて、雰囲気で投資しているという事です。

お金を準備して、市況を見守り続け、反射神経を養い、いつでも出動できるようにしておかないと、一瞬のチャンスには乗れないものです。日頃から予算を用意しておかず、市場も眺めておらず、行くべき時に出動しない。それではダメ。

儲かる投資のチャンスは少なく、めったに訪れません。数年に一度かもしれない。それが当たり前です。

だから、もしもチャンスが来たと思ったら、それまでの準備を自信に変えて「たかがカネだ」と思って目いっぱい張って下さい。これは恋愛でも同じで、その相手のためにできる全ての事をやるつもりで、フルスイングで動く。失敗する事もあるけれど、本当に準備していれば、たいていは上手くいきます。チャンスが察知できるのは、日々準備していればこそです。勝負は、チャンスが訪れる前から既に始まっているのです。

そして、私のこのような投資スタンスの先にあるのは次のルールです。

少数のよく知る銘柄にだけ大きく集中して張るという方法です。不動産ならよく知る国、エリア。会社ならよく知る産業やテーマ、恋愛ならばこの子でなければダメだという絞りです。

適当に見繕って信念なくバラ撒くのではなく、自分が深くよく理解したものだけに集中して資金を投じ、リスクとリターンに責任を持つ事が大きく儲けるためのコツです。

投資した後、すぐに思うような結果になる事は稀です。買った直後は上がってもその後に大きく下げたり、買ったはいいが全く上がらず、ダラダラ下がり続けたり横這いのまま長期間、推移する事も多々あります。

それが自分で深く考え続けた先の決断であったなら、買った後に下がって含み損が出ても、仮に四半期や年次の決算が一時的に悪かったりしても臆する事なくそのまま持ち続ける事ができます。

投資とはちょこちょこと銘柄を入れ替えたり心移りするものではなく、銘柄と心中するつもりで投じていくというのが、私の基本的な考え方になります。

こうする事で事前に慎重に考える習慣が身に付き、仮に結果が悪くなっても責任を取る事ができ、かつ失敗しても大いに学ぶ事ができ、投資能力は徐々に向上していくからです。

リターンを得たいなら、その逆にある失敗についても責任を取る覚悟が必要です。

Check Point

☑もし10億円あったら何をするか？　常に投資したいものを探し続ける癖付けが必要。
☑お金がない時であってもこの訓練を怠らない事。
☑自分がワクワク、ドキドキできる対象を日頃から探し続けよう。
☑勝負はチャンスが訪れる前から始まっている。心と資金の準備をしているか？
☑一瞬の好機を見逃さないよう、虎視眈々と準備をし、いつでも動ける態勢を作っておく事。いざチャンスが来たと思えば機動的に出動する事。

ルール 14

「継続力」と「加速力」。

前に進みながら
手応えを感じた瞬間に
アクセルを踏み込め。

最初は「小さく始める」でいい

なぜ、多くの人は投資で失敗するのか。

その最大の要因は「大きく行動し過ぎるから」です。

「お金を稼ぐぞ！」と大きく決意し、大きく行動し、大きく挫折し、大きく失敗し、深い傷を負い、「もう投資なんていいや」と諦めてしまう。

でもその方法は間違いで、本当はまず「小さく」始めて、手応えを感じたらアクセルを鬼のように踏み込む方が上手くいきます。

これは非常に感覚的なものかもしれませんが、起業したとて同じです。


「小さく始める」とはどういう事か。

まずは絞りに絞った対象にだけ投資するという事。「あれもこれも」と手を出すのではなく、自分が投資したい商品を極限にまで絞りに絞り、それだけを選びます。

何かを得るには、同時に何かを捨てないといけません。「毎日が酒池肉林のハーレム」と「幸せで温かく絆に結ばれた結婚生活」がなかなか両立しないのと同じです。

さらに、投資する時は遊びやビジネスなど全てを捨て、投資の事だけを24時間考える日々。それを続ける覚悟が必要です。それくらい、勝つのは大変なのです。

そして、一度始めたらとにかく続ける。仮に結果がマイナスになっても考え、悩み続けるのです。

多くの人は手広く始めてしまうため、結果がマイナスになった時に資金に余裕がなくなり、再起不能に陥ります。そうした状況を回避すべく、「小さく」始めて余力を常に残しておく事が大切なのです。

投資結果がマイナスになった途端に面倒くさい、つまらないと感じては、投資自体が嫌いになるかもしれません。しかし、着実に続けていく中で、2つの進歩が得られるはずです。

①コツがわかってくる

②投資に対する意識が変わる

私はこの2つでは、特に②の「投資に対する意識が変わる」がとても重要だと思っています。仮に負けていても、やる気や面白さが出てきたら、そこに勝機があります。

手応えを感じた瞬間にアクセルを踏み込め

この「コツ」と「投資への意識」を感じるようになったら、第二段階として、さらに大きな意思決定をしていきましょう。

例えば私の場合、2017年7月に仮想通貨を始めました。既に先行者は数多存在しており、私は圧倒的な後発です。そこで、試しにビットコインを100万円分だけ買ってみました。すると瞬く間に増えていくので、これはかなり危険だが、投機としては面白いと実感しました。

結局、ビットコインキャッシュというものが誕生したのをきっかけに、それをさらに500万円だけ買ったのです。ビットコインキャッシュへの評価は生まれた当時ひどいものでしたが、私はビットコインをやめてこちらに集中したところ、2000万円まで増えました。

次に考えたのは、投機的ではなく中長期で持てるものはないかと探し、ファクトムというコインに出会い、それに2000万円全額BETしました。

結局このコインについては私の調査不足を感じ、2400万円くらいになったところでＥＸＩＴしてしまったのですが、結果的には６００万円が１か月半ほどで２４００万円になったわけです。

このように小さく始め、小さく結果を積んだ後、私は9月に1億３５００万円を不退転の覚悟でリップルにつぎ込み、14億円の大勝を掴んだわけです。


多くの人は６００万円が２４００万円になった時点で、満足すると思います。でも、私の中では、「リップルがさらに注目される」という確信があったため、アクセルを踏んで、大きな利益を得る事ができました。

何が言いたいのかというと、最初は小さくスローペースで始めて、もし手応えを感じたら、その瞬間にアクセルを強く踏めという事です。

確かにアクセルを強く踏み込まなくても、ゆっくりと成長していく事はできます。ただ、その世界でトップを目指したり、突き抜けた結果を生み出したいと思うのであれば、スローペースのままでは一生到達できないのです。

「いやいや、そんなに稼がなくてもいい」と思うかもしれませんが、攻撃は最大の防御とはよく言ったもので、時に攻めるからこそ、その後も安定ができるのです。

「だったら最初からアクセルを踏み込めばいい」と思うかもしれませんが、どこで全速力を出せばよいかがわからないうちは、時期尚早です。例えば私が最初から1億円を投じていたら、その対象はリップルにはならなかったわけです。そうなっていたら、結果はまた違っていました。

つまり、見通しの悪いうねり道で時速200㎞を出しても事故を起こすという事。高速道路に乗り、目の前の道が開けた真っすぐの道になって初めてスピードを出せるのです。

まずは小さく始めつつ、途中で好機を見つけたら急激な力で物事を動かす。そして、それが動き始めたら、慣性の法則で継続的なコツコツした努力をひたむきに続ける。長期休暇を取って完全に相場から離れてしまうのではなく、少しずつでも歩きつつ考えていきましょう。

小休止はしても、長期休暇は絶対ダメなのです。いつでも走りつつ考える。改善していく。

例えば投資では、相場が悲観であっても、全額売ってしまったりポジションを完全に抜くのは、私は間違いであると思っています。その理由は、ポジションを抜いているような時に上がっていく事が多々あったからです。もちろんこの話は短期投資には当てはまりませんが、長期投資を前提とするならばノーポジというのは間違いだと確信しています。

「もうそろそろ下落相場が来そうだ」と思ってもポジションを0にするのではなく、比率を調整するとよいのです。すると下落した時は買い増しができますし、上がった時は利益を享受できます。上がるか下がるかは完全に予測できないにもかかわらず、「絶対に下がる」と思い込むのも、「絶対に上がる」と思い込むのと同じくらい愚かな事です。

そして、上がっていった時にノーポジで利益を取れないのは、下がった時に損失を被るのと同じくらい損をしているに等しいわけです。

限られた人生の時間の中では私は常にポジションと共にあるべきだと思っており、その考えだからこそ、下落相場が来た後でも株価が回復できる会社であり、かつ、上げ相場が来た時には高値を更新していける「本質的に優れた会社」だけを探そうという意識にも繋がっているのです。

かの著名なウォーレン・バフェットはリーマンショック時すらもポジションを持ち

続けていましたし、50年超に渡る投資生活の中で常に株と共にあったのです。その結果が卓越した記録を作っています。

もちろんこの話には前提があります。長期的かつ持続的に成長していける数少ない銘柄が投資対象でなければなりませんし、日本市場よりマネー流入が多くグローバル企業の多い米国市場の方が適しています。さらにバフェットは含み損が出ていてもその期間、配当が出る銘柄で時間経過を正当化したりと、ポートフォリオに工夫があるのは言うまでもありません。

ただし、これが日本市場であったとしても、「下がりそうだからノーポジ」と長期投資家が言ってしまったら、上昇益を大きく取る事は限られるでしょう。なぜなら、常に株価とは下がりそうにも見えているからです。下がるのがただ怖いのならば、投資家としては不適格なのです。リスクがある事を前提に、それでもやっていくにはどうしたら良いのかという視点が大切です。

下がる可能性も考慮した上で、そうなったとしても復活できる銘柄、配当が出る銘柄、リスクは高いがリターンは3倍、5倍、10倍と狙える銘柄、一時的に現金比率を高めるなどして、ポートフォリオ戦略に工夫をして、常にポジションは持っていられるようにするのが長期投資家の本質だと思います。

結局は、「継続する力」、時に減速しつつもチャンスと捉えた時には「加速する力」。つまり、アクセルを踏み込むタイミングを見極める事。これらを駆使しないと、投資では生きていけません。皆さんも2つの力を上手く使って結果を出していきましょう。

Check Point

- ☑「小さく」始めて、手応えを感じたら全力でアクセルを踏み込もう。
- ☑投資対象は絞り込もう。バラ撒いても学びはない。
- ☑パフォーマンスがマイナスでも諦めない。次回以降の学びがそこにある。
- ☑小休止はしても、長期休暇は取るな。ゆっくりと歩きながらでも考え続けよう。
- ☑投資のポジションを全部0にしてないか？　それはもはや長期投資家ではない。

ルール15

10年後の自分を見据えて投資をしているか？
10年あれば、人は何者にでもなれる。

先を見なくなった瞬間、人は衰退していく

投資をするうえで絶対に忘れてはならないもの、それは「未来への意識」です。FacebookのCEOであるマーク・ザッカーバーグが、あれほどのお金持ちになっても、なぜ引退せずにそのまま頑張れるのか。それは、彼が未来を見据えているからだと思います。

「まだ自分にはやらなければいけない事がある」

「まだ社会的な価値を作れる事があるはずだ」

現状に満足せず未来を見据えているからこそ、常に前を向いていられるのだと思います。

人間は先を見なくなった瞬間、現状に甘んじて、そこから得られる果実を食べ尽くし、どんどん衰退し、そのまま終わっていってしまいます。

周囲に流されて今だけを生きていると、明日の自分にとって楽な選択をするし、来月の自分にとって楽な選択をしてしまうもの。進歩しないならば、年を取る分、日々退化しているのと変わらないのです。

基本的に世の中が成長していくのは、皆が先を見据え、未来を考えて行動しているからこそです。

例えば「ここに素敵な都市を作ろう」と思う人がいて、その夢に投じる人達がいて不動産は発達するし、「うちの製品をあの国にも届けていきたい」と思う人がいて、その会社も大きくなっていくわけです。これら将来を見据えた人間の「前向きな姿勢」というのが経済を形作っています。

ウォーレン・バフェットも「米国」自体の可能性を信じているからこそ同国への集中投資を今でも続けています。そして、彼が成功し続けているのは、成長するであろうものが成長し続ける限り投資してきたからです。成長を続けるだろうと思っているものから途中下車はしなかったためです。

つまり、より良くなるであろうという前向きで建設的なスタンスをベースに、米国人の発展への意欲と信念を根本において信じているという事。

最近、日本は復調基調になってきていて大変素晴らしい事ですが、少し前までは失われた30年と言われてきました。それは人々が前向きな姿勢を放棄してしまっていたからだと思います。日本人が今後も「明るい自分達の未来」を想像して前向きにやっていけば、日本の経済はより良くなっていくでしょう。

経済には国民性が反映されるので、私達一人ひとりの気持ちというものは非常に重要なファクターになっています。ですから萎縮ムードや批判、嫉妬、規制、出る杭は打つというのは、経済にとってマイナスです。なぜなら、皆が怖がって挑戦しなくなるからです。

逆に、リスクを取って成功を収めたヒーロー達をどの業界においても讃える文化になっていく事を強く望んでいます。貯蓄で保身に走りがちな国民性よりも、リスクを取って未来を激変させるべく挑戦する文化が奨励される方が経済は成長していくからです。

常に「10年先」を見据え、10年前倒しで進めていこう

ところで、私の場合は、常に「10年先」を見据えて人生を過ごしてきました。

20代前半の頃は、30代になった時の事を考えて1日も早く起業するべきだと思い、実際そうしました。

20代後半は「ネオヒルズ族」と呼称され、テレビをはじめ多くのメディアに出ていました。中には馬鹿な事をしたと反省するような事もありましたが、10年後のためにもどんな出方でもいいからまずは名前を売っておくべきだと思っていたのです。

そして30代になった今、40代のために純資産を増やし続けてきました。

海外移住したのも、今後の「個人の時代」にあっては海外を有効活用しなければならなくなるとの確信があったからです。このように、全ての物事は10年後を見据え、10年前倒しで進めていく事が大切です。これらは、明るい自分の未来を信じての私の行動なのです。

どれほど失敗した時でも常に希望を失った事はありませんでした。だからこそ今こうして小さくはあっても「一つの成功」に至っていると思っています。

誰もが生きていれば必ず10歳、年を取った自分に出会います。今20歳の人には30歳が来るし、今40歳の人には50歳が来ます。それなら、はなから10年後を生きてしまえばいい。10年後を今から鮮明にリアリティを持って思い描いていくくらいの感覚が正しいのではないでしょうか。少なくとも私はそうしてきました。

今だけを考えるというのは、想像力に乏しいと言わざるを得ません。生きている限り、必ずあなたにも10年後がやってくるのです。であれば、その10年後を輝かせる事に意識をシフトすべきだと思います。

投資においても10年後にパーフェクトを目指し、逆に「今すぐ成功する事」は基本的に諦めた方がいいと考えています。それほど成功とは簡単なものではないからです。「最短・最速」の概念と矛盾するように感じるかもしれませんが、実は矛盾はしていません。

成功というのは長く長期的に繁栄する事を指しますが、一方で最短・最速とは自分自身を離陸させ軌道に乗せるための初動の技術なのです。両者はコネクトさせなければいけません。離陸した後は、長い飛行が待っているからです。

例えば、初動で資金がない時には軍資金を貯めるために高いリスクを承知で、あえて最短・最速に挑む事も必要です。しかし一度軌道に乗ったら、その後は長い長い投資プロセスを上手に歩み、時の経過と共により豊かになっていく必要があります。

また、ダイエットであっても初動2か月で大幅に痩せた後、今度はゆっくりと運動を続け少しずつ痩せて理想を目指すというプロセスがあるのです。

ですから、最短・最速で一つの結果を出したとしてもそこで終わりではなく、今度は長く続く飛行を成功に導く必要があります。


特に投資においては、一発当てても成功とは言えません。性急に結果を求めても、相手は相場という自分にはコントロールできない代物ですから、ダイエットのように自己管理だけすればいいものとは異なり、「10年後にパーフェクトを目指す」という謙虚な姿勢の方が確実に実現していくし、焦りがなくなり、退場せずに生き残る事にも繋がります。

そして、生存者にはメリットが多く、たいていは想定よりも早く理想は実現していくものでもあります。


私はリップルが5年後、10年後に10倍にでもなってくれればいいと思って投資しましたが、実際は3か月で20倍になりました。

これは仮想通貨ゆえの特殊性ですが、謙虚に構えていれば、こういうラッキーな事すらあり得るのです。

せっかちに理想を追い過ぎて、現実との落差に落胆する事の方が問題です。そうなると、手が止まってしまいますから。


10年あれば基本的に人は何者にでもなれます。ですが、惰性で生きたら人は衰退していくだけです。10年後に自分はどうなっていたいのか。これは本当に真剣に考えた方がいい事です。

私は海外に移住して不動産投資に力を入れてきましたが、非常に長い挑戦のプロセスです。しかし、そのおかげもあって、ずっと先の事まで考えられるよう癖付けされたのも事実です。

常に種を蒔き、10年後に最も華やかなもの、場所、銘柄、ビジネスなどを想像しながら先手を打っていく事が必要です。リスクを取らなければ、大きなリターンはあり得ません。10年後にこうあるべきだと思うならば、そのゴールを目指して今から着手していく事が重要です。

未来を放置する事は、自分の人生を放置するのと同じ事です。あなたは未来をどう予測し、それに対して、あなたはどう動くのか。

「未来を生きる」というスタンスにさえなれば、今何をしなければいけないかが自ずとわかってくるはずです。

そのスタンスでこそ、投資でお金を稼ぐ事も可能になってくるのだと思います。

Check Point

- ☑10年後に、「自分はこうありたい」と思う理想や目標を持とう。
- ☑「今」を重視する楽な選択肢を選ぶな。今を楽しむだけなら誰でもできる。
- ☑10年という歳月があれば、人間は何者にでもなれる。
- ☑何となく生きるな。未来のために行動しないのは自分の人生を捨てたも同然。
- ☑10年後の理想のために今何を始めるべきかを真剣に考えよう。

ルール
16

ファンダメンタルズと
風を読む。
これが投資の
センターピンである。

投資先はファンダメンタルズがしっかりしている事が大前提

投資には「長期投資」と「短期投資」があります。短期投資はより大きな利率が得られるものの、手間と時間がかかるというデメリットもあります。一瞬のチャンスを射抜くためには相場をこまめにチェックする必要があるからです。

私は現在元手も大きくなり、自由な時間を最重要価値に置いているため、長期間に渡ってゆっくりと資産を積み上げられれば良いと思っており、長期投資を主軸に採用しています。最短・最速で原資を作って離陸できた後、今はゆっくり飛行している状況です。

本書において、ブチ抜いた存在になるために最も大切だと話した「センターピン」ですが、長期に渡る株式投資をする際に、私が徹底しているセンターピンは「ファンダメンタルズ」と「風」を読むというものです。

ファンダメンタルズは「経済の基礎的条件」といって、国の成長率や企業の売上高や利益などを指します。株の銘柄において「ファンダメンタルズが良い＝業績、ビジネスモデル、財政状態など中身が良い会社」という事です。

何をもって中身が良いというのかは人によって見解が異なりますし、私の場合でも重要視するファンダメンタルズはその時々によって異なります。いい加減に聞こえるかもしれませんが、見るべきファンダメンタルズはその時の社会情勢や銘柄自体によっても変わるべきなのです。

ファンダメンタルズで見るべき点

あえてファンダメンタルズでどこを見るべきかといえば、「EPS」（一株当たり利益）の成長率や営業キャッシュフローの大きさ、果ては事業モデルそのものの優位性など多数あり本書ではその全てを説明できませんが、まず一般的でわかりやすい話をすると、「利益率」が挙げられます。

利益率の高い会社ほど新規投資の源泉を内製できるため、資金調達に頼らずともより高い成長が安全に期待できます。その会社のセクターにもよりますが、売上高に対し20%以上の純利益が残せる会社であれば、かなり有望です。これはビジネスモデルの構造でもあり、その会社固有の経営努力の表れでもあります。結局のところ、会社の目的は利益を残す事です。売上高は影響力の大きさとも言えますが、終局的には、会社の優劣とは「いくら残せるのか」が全てなのです。

また別の例を出せば、「利益剰余金をしっかりと積んでいて、かつ、キャッシュリッチな会社かどうか」という点。つまり、利益を長い期間に渡って積み上げ、無借金経営で、きちんと現金を持っている会社かどうかという例も挙げられます。負債がある事自体でただちに投資対象から外れるわけではありませんが、現代はインターネットやアイディアの力によって、重厚長大な自動車産業や航空産業などのように、重い固定費や設備投資を必要としない産業もたくさん生まれています。

例えば利益剰余金を積み上げている会社は、いざビジネスチャンスを見出した時には大化けする事があります。ゲーム会社として知られていたミクシィなどが良い例です。今では終わった企業として見られていますが、今後もそうとは限らないのです。

そもそもミクシィは一時最大のＳＮＳとして知られていましたが、ツイッターやＦａｃｅｂｏｏｋが出てきてからは下火になりました。その頃の株価は２００円台。

ところが、モバイルゲーム事業に力を入れたミクシィは、２０１３年に「モンスターストライク」をリリース。すると株価は、1年後には6970円と30倍以上に上がったのです。さらに2017年には、7000円を突破しています。

その後は業績も株価も低迷しているように思われていますが、ファンダメンタルズを見てみると、保有現金は1400億円ほど、株主資本は1600億円ほどあります。それにもかかわらず、時価総額はこの本を執筆している2018年11月現在で2000億円ほどしかありません。

これはどういう意味かというと、企業が持つ純資産価値とその会社を丸ごと買うために必要な値段があまり変わらないという事。いわゆる「PBR」（株価純資産倍率）が1倍とちょっとという状態なのです。

これは〝ブランドやノウハウ、実績、信頼、社員の資産価値〟といった決算書には表れない簿外価値が加味されておらず、非常に割安な状態だと考えられます。ただし、割安であれば株価は必ず上がるかというと、そんな単純な話ではありません。

時代のトレンドとなる「風」が吹くか

さて、ここでもう一つ重要なのが「風」です。ミクシィのようにファンダメンタルズが良い会社はいくつもあるのですが、その先に「風が吹くかどうか」で株価は大きく変わります。

「風」とは、その銘柄が上手く時代のトレンドを巻き込んで、上昇気流に乗れるような話題性を作れるかどうか。俗に言う「テーマ株」と呼ばれるものになれるかどうかですが、この要素があれば、買いにシフトします。

身近な例を出せば、「フィンテック」というキーワードが流行った時には、家計簿アプリ「マネーフォワード」を提供している株式会社マネーフォワードを筆頭に、金融×テクノロジーを組み合わせたサービスの関連銘柄が上がりましたし、仮想通貨関連銘柄としてＳＢＩホールディングスやマネックスグループなど多数の銘柄が平均を超えて上昇しました。

風が吹けばたとえ赤字であっても高騰するものなのです。他にも「人工知能」や「オリンピック」、「民泊」、「自動運転」、「シェアリングエコノミー」など、時代にはいくつもの風が吹き続けます。

「ファンダメンタルズが良い銘柄を風が吹きそうな手前で買う」という手法は、先に紹介したSBIホールディングス株を購入した時の根拠にもなっています。

なぜSBIホールディングスを選んだのかというと、まずファンダメンタルズがとても良かった点。年間400億円規模の純利益を生んでいるのにPER的に見て株価はすごく割安でした。ここで、第一の「ファンダメンタルズが良い」というチェック項目はクリアしています。

加えて、私がSBIホールディングス株に投資した時は仮想通貨にまだ勢いがあり、「仮想通貨関連」がテーマ株の一つとして注目されていました。そのため、仮想通貨交換業を始めようとしていたり、リップル社をはじめ数多のフィンテック企業に出資をし続けていたSBIホールディングス株は、きっと近いうちに様々な材料の思惑によって上がるであろうという予測が立ちました。ですから、一気に勝負を賭けるべく、単一銘柄に大きく張る事にしたのです。

また、ファンダメンタルズが良いので、仮に風が吹かなくともダウンサイドは限定されていると思いました。どういう事かというと、配当性向が40%もあり、こうした配当の出る銘柄というのは株価が下がっても投資家が保有を継続する一定のメリットがあるため、売る投資家がいても、売らない投資家もまた多いのです。そのため、高配当銘柄は下落相場の時でも株価を相対的に守る事ができるわけです。

また、仮に金融ショックが来たとすれば下落自体は避けられませんが、投資段階で純利に対してＰＥＲも相当低かったため、１００分の１とか50分の１とか10分の１になってしまうような赤字銘柄（紙屑銘柄）とは異なり、半分ぐらいになった、30％安くらいになったという程度で止まるであろう事も想定できました。

もちろんファンダメンタルズが良いものは時価総額が大きい事が多く上がりづらいというデメリットがある反面、下がりづらいというメリットもあるのです。

ここに私の性格が出ていますが、私は勝つ事よりも実は負けない事を重視していて、下値の限定性を自分なりに試算して、上の可能性をそれ以上に感じれば高い期待値の勝負と判断して投資しています。例えば今の例で言えば、下値は半分、上は3倍と見られるならば、期待値は「下１対上２」となり、投資する価値があるわけです。

このように、何かのテーマが注目されつつあるタイミングに、ファンダメンタルズが良い関連銘柄を押さえておくと、今後大きく上がる可能性があります。

「ファンダメンタルズが良くて、風が吹きそうなもの」

このような投資手法は、どこかで誰かが提唱していたものではありません。私独自の言葉と定義です。なぜこういったセンターピンに気付くのかというと、それは私の人生観に由来しています。

私は「本質的に強い人間は必ず生き残る」と考えているため、今でも自分の本質を鍛えています。それがファンダメンタルズへの重視に繋がっていて、どこを見るかは人を見るのと共通する事が多いと考えているのです。

一方で、トレンドに乗って洋服をたくさん売るという事をアパレル時代にたくさん経験したため、業界に巻き起こる「風」というものを強く意識しているからでもあります。

今後もこのセンターピンはずらさずに、実践していくつもりです。

貸借対照表には載らない「ブランド価値」

他にもいくつか私の投資スタンスを紹介すると、その一つに「含み資産投資」というものを挙げる事ができます。含み資産とは、財務諸表のうち貸借対照表に載っていない資産を見つけて、それの価値を独自に算定する方法です。

貸借対照表とは企業のある時点の財産や負債の状態を明らかにするものですが、例えばわかりやすく話をすれば、フェラーリを製造・販売しているＲＡＣＥ社の貸借対照表にはフェラーリのブランド価値は計上されていません。なぜなら、ブランド価値を客観的に数字として表す事はできないからです。

また、例えばＦａｃｅｂｏｏｋのアクティブユーザー数の換金価値も貸借対照表自体には載っていません。なぜなら、それを数字にする事もまた客観的には不可能だからです。

一つの計算方法は取れても、誰の目から見ても一義的に明らかな数字にはならないのです。当然ですが、財務諸表としてはなるべく客観的な数字しか計上ができないためです。ですが、フェラーリのブランド価値やＦａｃｅｂｏｏｋのアクティブユーザー数は無視できる資産ではありません。

ここが一つのカギで、人によって評価の異なる点をどう見るかが、投資優位性を築くうえでの大切なポイントになります。

もちろん今私が挙げたフェラーリのブランド価値やFacebookのユーザー数などは誰もが織り込めるものなので、あまり差はつかないです。しかし、もっと隠れている含み資産にあなただけが気付く事ができれば、それは投資の優位性となります。なぜなら、その評価を市場はすっぽり落としているので、その評価が始まると株価はあなたが妥当だと思うまで上昇していく可能性が高いからです。

例えば、経営者の資質なども財務諸表には載ってきませんが、社長自体が含み資産であると考える事ができる場合もあるかもしれません。それをあなただけが織り込んで期待株価を計算していく事もできるのです。

独自技術、伝統と歴史、信頼、取引先との結束力、独占的地位、特権的契約の存在、市場占有率、理念や社風、商品の知名度や実績、製造ノウハウ、販売スキームなど、実はほとんどの経営資産は財務諸表に載っていないのです。それを見つけ、正しく評価できる事が現在株価と本来株価との乖離を見つける手段ともなりますし、他の投資家との差をつける事にも繋がってくるのです。

SBIホールディングスの「含み資産」

ちなみに私がＳＢＩホールディングスに投じたわかりやすい理由の一つは、リップル社の株式を10％程度保有していた事です。ＳＢＩはリップルを持っていると誤解される事がありますが、厳密にはリップルを持っているのではなく、リップルの発行会社の株式を持っているのです。

しかしながら、ＳＢＩホールディングスの財務諸表にはこのリップル社の株式への評価は今も1円もなされていません。リップルコインの時価総額は、当時で言っても数兆円前後はありましたので、その10％としても数千億円の価値が一切評価されていないと見る事ができましたし、仮にリップル社がＮＹ証券取引所などに上場した場合は、具体的なその時価総額の10％くらいがＳＢＩホールディングスに計上される事になるとも思ったのです。

これはまさに私独自の「含み資産投資」です。他にも、国内最大手の仮想通貨交換業者ビットフライヤーの株式を持っていたりと、帳簿には評価として載っていないものだらけで、今後含み資産になる可能性の高い資産をＳＢＩホールディングスは今でもたくさん保有しています。

ちなみにこの含み資産投資というのも誰かから習った手法ではありません。私が自分のベンチャー企業を経営していた時にＪＡＦＣＯ及び三菱ＵＦＪキャピタルから資金調達しましたが、資本金１２３０万円の当社株式を10億円以上のバリュエーション評価で引き受けてもらいました。自社の株を高く買ってもらうために、見えない資産としてプレゼンし成功していた過去があったからです。

私の投資法とはこのように自分の体験から来ているものです。私はどんなビジネスや投資をする時でも、誰かの本のルールや先駆者のやり方を採用する事はなく、独自に頭で考えて自分が正しいと思う方法を取るようにしています。幸いな事に、それがいつも成功に繋がっています。

もし私が誰かの真似をしていたら、それが情報商材の業界であっても一番にはなれていなかったと思います。情報業界の人達がテレビに堂々と出て認知度を上げるなど当時は誰もやっておりませんでしたし、かつＪＲ山手線をしばらくの期間、自分の顔写真でジャックするなども未だに業界では誰もやらない事です。

私は、先行している成功事例には乗りません。あくまで自分の頭で考え、自分が納得した方法でやります。それが上手くいくかどうかなど知りませんが、それでほぼ上手くやってきました。

この体験から言えるのは、他人をなぞるよりも自分の中にあるものを重視した方が良い結果になるという事です。

「ストップ高」を付けた銘柄の投資法

さて、他にもいくつか私の投資方法をいくつか紹介すると、ストップ高を付けた銘柄を全てチェックしていき、〝行って来い〟で元の水準に戻る銘柄か、そのまま上昇トレンドに乗っていく銘柄かを見極めていくという方法があります。

ストップ高は、社会から注目を集めたシグナルです。ただし、全ての銘柄がそのまま上昇していくわけもなく、急騰前に戻ってしまうものがほとんどです。場合によっては高騰前よりもさらにひどく下落していく事すら往々にしてあります。

しかし一方で、ストップ高を付けた銘柄の一部はそのシグナルを初動として、そのまま上昇を続けていくものもあります。そうなった場合、20％のストップ高どころかそこから3倍、5倍、10倍となっていくものすらあります。

ここで大切な事は、それが仕手的なものやイナゴの反射買いメインなのか、それとも本物の上昇の兆しなのかを見極めるという事です。

そのために何を見るかというと、ファンダメンタルズしかありません。

風が吹く兆しはストップ高で表明されていますので、あとはそれが本物かどうかを見極めるだけでいいのですが、それを判断するためには財務諸表を正しく読める力とビジネスモデルや前述した含み資産を正しく評価できる力も必要です。ここは総合力となります。

本書ではとても書ききれませんので、各自が専門書や試行錯誤を通じて見極める眼を手に入れていただきたいと思います。

なお、一点だけ注意をしておきますと、上昇サインが出た後、一度元の水準前後まで落ちてからいよいよ上昇を開始したり、サインが出た後、明確な方向性を示せずに半年ほどして市場がようやく確信してから上に大きく動き出すという事もあります。

ですが、いずれにしても本物のシグナルならば上昇はいずれ来ますし、騙しのストップ高であれば二度と動かないか、大きく下落して沈んだままになる事もあります。

ちなみに私はリミックスポイントという銘柄で５０００万円を１億円にしましたが、この時は決算前の通期予想の上方修正発表を基に買い集め、決算発表と共に発表された次の利益計画に驚いた市場がストップ高を付けさせ、その後、大商いで数日程度でさらに上昇したところであっさり全株売却しています。

これは結果的に現段階では、当時の最高値圏１６００円から１７００円での利益確定（利確）に成功した形になっています。

もちろん結果論ではありますが、この時に売った理由は明確にあります。「少なくとも第１四半期は懐疑的」という言葉を今もツイッターに残したままです。その理由は、会社予想が強過ぎると直感したからです。

なぜ危険だと思ったかと言うと、会社が出した通期予想が信じられなかった、の一点に尽きます。私はリミックスを四半期決算ごとに細かく分析し続けていたので急成長している事は理解しており、かつ今後も業績が上がっていく事は期待できると思ったものの、発表の内容自体は強気過ぎて、もし大幅未達が垣間見られた時は逆サプライズになると思ったからです。

もちろん達成する可能性は今でもあるのでしょうが、前述した通り、私は勝つ事よりも負けない事を大切にしています。また、ベンチャー企業ゆえではありますが、不安定さや危なっかしさは見ていて常に感じていました。ゆえにＳＢＩホールディングスなどと同列には論じられず、より目線は短期に決すべしという事でした。

私自身は結構派手な事を言ったりしたりしますが、自分の投資法を見ると、まるで長老かのような堅実な投資をします。人間の真実とは、発言内容ではなく行動している内容が全てです。その意味で言うと、私の本性とは人一倍の怖がりなのかもしれません。

投資とは、大衆が後から評価するものを先回りするゲーム

その他の投資法としては、赤字企業が黒字転換する兆しをＩＲから探し、黒字になる前にエントリーしておく方法も採用する事があります。もともと赤字だった企業が

黒字になるのは相当なサプライズでもあり、株価は大きく動きます。

また年次の業績予想とその進捗率を四半期決算で追って、例えば年次10億円の利益計画のところ第2四半期で既に15億円に達するであろう事を、月次の開示資料や第1四半期決算で判断できれば、その後、高い確率で通期の上方修正発表が期待できるので、事前にエントリーしておくという方法もあります。

また、例えば、決算とは全く別次元の社長インタビューのネット記事や社長のSNS、講演会などを通じて、業績が予想値よりも伸びているであろう事を社長発言から推測できる場合もあります。言葉にはプラスもマイナスも含めていろいろなものが見え隠れするからです。

結局、投資とは、多くの大衆が後から評価しにくるであろうものを先回りして、こちらがより安い時に評価して投資してしまうゲームなのです。その時間差がものをいいます。

こう考えていくと、とても面白くはないですか？　その先回り方法は本書で全て書ききれないほど多様な視点があります。あなただけのオリジナルを見つけてみて下さい。

他にもまだまだたくさん投資のコツはあります。ただし、私がより本質的だと思うのは、やはり「ファンダメンタルズの良いものに風が吹くかどうか」と、「多くの投資家が気付いていない含み資産」を発見し、それを正しく評価する事だと思っています。

また、投資時間の長短によっても取るべきスタンスが変わるので注意して下さい。私が本質だと言った手法は、実現までにある程度の長い時間を必要とする事もあります。一方で短期から中期で利を積み上げたいのであれば、業績予想進捗率やサプライズ決算狙い、売られ過ぎたものの自律反発や話題株への俊敏な順張りと迅速な利確などの方が適しているでしょう。

一般的には投資予算が大きくなるほど本質的な長期投資が理に適っておりますが、逆に予算が少ない時は株価の動きの現象に着目し、テクニカルトレーディングとして捉える方が合理的と言えるでしょう。

なぜなら、下げ相場が来ても短期投資では稼げますが、長期の現物買いでは下げ相場では仕入れができるくらいで、利確には当然至りません。長期投資家にとって下げ相場は冬の時代です。

ただいずれにしても、短期・中期・長期を問わず、私が投資の本質だと考えているのは、「他の人に見えていないものを見つけられるかどうか」だと思っています。

為替トレードにおける短期投資の一例

短期投資の例も一つだけ挙げておくと、為替トレードにおいて、例えばドルが売られて売られて売られまくると、次第に買いで入ってくる人がいなくなっていく気配が感じられます。

その理由は、上でロングしていた人達が含み損になっていてナンピンはしたくない心理になっていたり、ロスカットをされて証拠金を減らしていたりするからです。傷心しているロング勢はどことなく怖くて反撃できなくなるのです。

すると、さらに下がる方に賭けるショーターが集まって来るわけです。中には、ロングを切ってショートに途転するトレーダーもいます。

しかし、今度は利益の出せているショーター達が利確のため買い戻していくため値動きがレンジで乱高下になり、後から入ったショーター達は微益で逃げていき、それら買い戻しの作用によっていったん上がる兆候を見せた事に、次は買いで入り始める人が増えていき、結果これ以上は下がらないなと思ったショーター達が全て買い戻して、遅れたショーター達はロスカットで焼かれ、新規で売る人がもはやいなくなると、均衡が崩れ今度は一転ロングがロングを呼んで急激にトレンド転換し急騰するという事が多々あります。

この逆もまた然りです。均衡が崩れる前後の感覚を値動きの先に感じつつ観察できるようになってくれば、多くの人達が怖いと思って静観している時にこそ動かねば大きな利益を取る事はできないという事にも気が付きます。

この視点から最後に一点だけ付け加えておくと、人間は「多くの人が買って価格が上がっているもの」こそ価値が高いから買うべきだと思いがちですが、常にそうとは限りません。売られているものでも価値が高いものはありますし、買われているものでも無価値なものはあります。

群衆は常に追随しているし、群衆は常に行き過ぎるという事を覚えておいて下さい。これが「他の人が見えていないものを見ようとする」という事です。

Check Point

- ☑投資のセンターピンは「ファンダメンタルズ」と「風」を読む事である。
- ☑財務諸表には載らない資産がある。多くの投資家が気付いていない「含み資産」を発見し、それを正しく評価しよう。
- ☑投資の本質は大衆の群れが評価する前に先回りする事。

ルール
17

心中しても
悔いはない。

そのくらいの覚悟で、
自分が**本気**で信じられるものを探せ。

後発組でも戦略次第で勝つ事ができる

投資においては先行者の方が有利である、とよく言われます。確かにそれは一面では事実かもしれませんが、後発の人間も戦略次第では勝つ事ができます。大切なのはアーリーアダプターであるかよりも、「いかに自分が信頼できる投資先を見つけるか」ではないかと思います。

私が仮想通貨リップルで含み益も含め27億円まで増やしたのは2017年の年末でした。仮想通貨の存在は2014年頃から聞いていて周囲にもチラホラ投資している人が出始めていたので、2017年の夏に本格参入したのは、あまりにも遅過ぎる参入だったと言えるでしょう。

2014年当時は会社が解散するかしないかの瀬戸際で、正直、投資話に時間を割く余裕は全くなく、なおかつ仮想通貨などという怪しいものは殊更にスルーしていました。でも、後発であっても戦略さえ整えれば勝てる。私はそう確信していました。

とはいえ、最初に仮想通貨の勉強を始めた時は、まだどのコインがいいのかは全く理解していませんでした。でも、いろいろと勉強していくうちに、見えてきた事があります。

中国をはじめ、アジアなどの経済が成熟しきっていない国々の方が仮想通貨への信仰が強いという事。一方で、金融先進国である米国やヨーロッパなどでは、仮想通貨はまだ注目されていなかったという事です。

一流の金融国であるドバイのファンドトレーダーですら、仮想通貨の存在を知りませんでした。また、金融のプロである東大卒のウォール街で働くファンドマネージャーがドバイに来た事があって会食をしたのですが、彼らも2017年夏手前時点ではイーサリアムの名前すら知りませんでした。

そうした事実から、欧米の金融マンは実際には仮想通貨についてはまだ全く眼中にないという事がわかったのです。

そこで、仮想通貨の世界には「中国vs欧米」という構図がある事が頭に浮かんだ時に、戦略が見えてきました。

まず私がしたのは、「もし今後、欧米が仮想通貨に注目し始めた時に何が起こるか」

を予想する事です。

おそらく米国を中心に、仮想通貨を規制する方向に動くでしょう。なぜなら、通貨発行権を仮想通貨に握られてしまうと、世界の基軸通貨であるドルの存在が脅かされてしまうからです。そうなれば、（非中央集権的な）仮想通貨を許さないはずです。

米国は（非中央集権的な仮想通貨である）ビットコインへの対抗措置として、仮想通貨の中でも中央集権的で、かつ自分達が管理可能な仮想通貨に注目するだろうと私は予想を立てました。

この時点でそれが当たりになるかどうかは全くわかりませんでしたが、とにかく自分の頭で考えて仮説を立てるという事に深い意義があるのです。

その中で最も該当しそうなものが、米国のリップル社が発行している仮想通貨「リップル」でした。動画でも掲載しましたがその他の理由も踏まえた上で、２０１７年９月に私は１億３５００万円の買いに入ったのです。

例えば米国は映画配信やＳＮＳ、検索、動画配信などで米国ＩＴ企業が世界を牛耳っているのはとても気持ちが良いはずです。税収も取れるし、米国民間企業を通じて間接的であれサイバー空間においても世界中に影響力を行き届かせる事ができているからです。

米国は、仮想通貨が大きくなった時に脅威と感じれば潰すに違いないと思っていますし、一方で、その流れが不可避と判断すれば米国発の企業を支援してその覇権を取りにいくと私は考えました。つまり世界は中国ではなく、未だしばらくのところ米国を中心に回るというのが私の考えでもあるわけです。

この夢に賭けるなら失敗しても悔いはない

私がリップルに大金を投じた理由は、これだけではありません。最大の理由は、私自身が、リップルの掲げる「価値のインターネット化」という概念に感動したからです。インターネットで即時情報が伝わるようになった現代、リップルを通じて価値、すなわちお金やその他の経済的価値も瞬時にやり取りできる世の中になるとリップル社は提言しています。そうなれば流動性が高まり、透明性が高く迅速になり、あらゆるコストが下がって、私達の経済活動が大きく便利になる可能性が高いのです。

一言で言えば、私はリップルの描く未来に感動したし、国際送金の次元を超えて価値がブロックチェーンの上で移動する未来にワクワクしたのです。

例えば、私の持っているドバイ不動産の所有権的経済価値を日本にいるあなたに瞬時に移転する、こんな事が可能になるという考えは私にはなかったためです。

もちろん法的な枠組みも含めて、それが実現するには10年以上のとても長い歳月を要するでしょうが、「この夢に賭けるのであれば、ここで失敗しても悔いはない」「生きるも死ぬも一緒」、そんな運命共同体として生きるくらいのレベルで熟考に熟考を重ねたからこそ、１億３５００万円を張る事ができたのだと思います。

短期的な相場だけを見ると、どんな商品も上がるか下がるかわかりません。でも、優れたものは絶対に最終的には勝ち抜くという事は、私の人生史的にも体感的にもわかっています。例えば、力のある人は失敗してもやはり復活します。過去の実業家の例を見れば自明です。

個人投資家の方から「今もリップルは持っていますか？」「リップルはまだ上がりますか？」「仮想通貨はまだ大丈夫ですか？」とよく質問されますが、購入したリップルの一部（正確には４３２万９４１８ＸＲＰ、本書執筆時点で１ＸＲＰ＝50円のため約２・１６億円）は未だ利益確定せずに保有したままです。

自分が信じているものであれば、短期的な値動きだけをジャッジするのではなく、自分が信じる限りは持ち続けて良いと思います。これが半値になろうと4分の1になろうと、私が売ることはありません。

確かにピーク時より含み益は大幅に減っています。ですが、仮にリップルの価格が以前のように上がらなくても、後悔はありません。必要なのは「本当に良いもの」を見極める目であり、これまでの経験の集大成と確かな自分自身のロジックがあります。自分が本気で調べたものにお金を出す。そのスタンスを貫けば、きっと本物の投資家になれるはずです。

※なお、リップルの価格上昇の可能性については仮想通貨相場全体の影響もあり、早くても1~2年の歳月は必要かと思っています。つまり、それほど簡単にもう一度急騰するとは私自身も思っておりません。何より、投資は自分でやるものです。私の意見に左右されず、あなたの信じる銘柄やコインを探して下さい。

Check Point

☑アーリーアダプターでなくても、戦略次第で勝つ事はできる。
☑自分が全力で信頼できる投資先を見つけるまで、考え抜こう。
☑短期的な相場だけを見るな。「本当に良いもの」は必ず最後は上がる。
☑「心中してもいい」と思えるほど、感動できる投資対象を見つけよう。

※非中央集権的とは……通貨を発行するにはお金を管理する中央銀行がいる。取引をする際には銀行やクレジットカード会社などお金のやり取りを管理する第三者がいる。このように、中央の管理者がいてそこを介してお金のやり取りをする世界を「中央集権的」という。一方で中央の管理者が不在で、直接、素早く低コストでやり取りできるようになる世界を「非中央集権的」と呼ぶ。

ルール 18

リスクを取らねばリターンはない。

ぺんぺん草も生えない土地に

嬉々として投資できる人間になれ。

「個別論」ではなく「マクロの目」を持て

「もし与沢さんが今、投資初心者でゼロから株式投資を始めるなら、何をやりますか？」という質問をよく受けます。

本物の何も知らない投資初心者の方にまずやって欲しいのは、「マクロの目を持つ」という事です。

初心者であればあるほど、株ならば個別銘柄、仮想通貨ならばどのコインか……といった個別論に陥りがちです。でも、最初からこれをやると100％負けると思っていますし、迷子になってすぐに嫌いになると思います。そこでまずは、マクロの視点で市場全体を見て、どういう要素があるのかを分解して考えてみましょう。

日本株に関して言うならば、約3600もの企業が存在していて、さらにそのうちの一握りが上がり、大部分のものは下がっていくという事実を知るべきです。一部の期間値上がりしても、あとはお寝んねしているような状態なのです。

3600もの銘柄は、それぞれ東証一部や東証二部、新興市場のどれかに上場しているわけです。新興市場ならばジャスダックとか東証マザーズとか、名古屋証券取引所のセントレックス、札幌証券取引所のアンビシャスなどの地方市場もあります。

次に、それぞれどんな分野の、どれほどの規模の企業が上場しているのかを知りましょう。東証一部は時価総額が大きいけれども値動きは相対的に小さく、他に比べてローリスク・ローリターン（といっても半分になったり倍になったりは普通にあります。株自体がもともとハイリスク・ハイリターンです）。東証二部は、時価総額はそこからワンランク下がる感じで、値動きは少し大きくなります。マザーズなどの新興市場だとさらに時価総額の小さな企業が増えてきますが、値動きはさらに大きくなります。テンバガー（株価が10倍になる銘柄）なども狙いやすく、元手が小さいうちは新興市場が適しています。

さらには、東証には33業種あって、指数としては日経平均、マザーズ指数、ＴＯＰＩＸ、ジャスダック平均などがあります。

このように、それぞれの市場の大雑把な特徴や言葉やその意味を理解する事から努めます。基礎と呼ばれるものですが、私はその業界に入ったらまず用語の定義を覚えていく事が大事だと思います。そうしないと、基礎も知らずに個別銘柄だけ知って投資しているようなよくわからない投資家になってしまうのです。

投資家なら投資家同士で同じ理解のもと、会話がスムーズにできなければなりません。私が本書で少し出している用語すらわからない場合は基礎力が不足しています。

そこでまず用語の定義や全体の感覚を掴んでから、自分の財力と相談しようやく銘柄を考えていくべきかと思います。

私自身は、資産が少ない人ほど、リスクは高いがリターンも大きい勝負を賭けるべきだと思っています。もし私が１００万円しか持っていなければ、一部や二部の銘柄は狙わず、全部捨てます。マザーズなどに生じやすいテンバガーを狙うでしょう。最短・最速の離陸のためです。１００万円を長期で東証一部の有望な株に回しても、多大な時間だけをロスするからです。

反対にもし1億円あるならば、私が投じたＳＢＩホールディングスのようにいきなり東証一部の銘柄からスタートし、ローリスク・ローリターンを狙うでしょう（それでも倍は取れたわけですが)。

次の風を常に考えよ

続いてのステップとして、大量の資金が行き交うと予想される未来の「テーマ」を常々考えておく事です。例えばオリンピック関連や自動運転関連、AI関連、カジノ法案関連、民泊関連……など、次の時代の花火が交代でやってくるわけですから、次のテーマは何かを考えましょう。

ただ、テーマ株にしても、10人にその内容を話して9人が「へえ、そうなんだぁ」とキョトンとするくらいの〝想定の斜め上〟のものに考えを巡らせるのが、やはり本物の投資だと思います。

仮に2020年開催の東京五輪を派生させたところに例を挙げるとすれば、私がテーマとして選ぶのは「外国人」です。

五輪が終わった後、大勢の見方は日本不安視ですが、私としては逆で、おそらく訪日観光客はさらに増えるだろうし、日本経済はさらに良くなるのではと思っています。

また、少子化がより進んでいくので、移民政策に対して日本政府は年々、態度を軟化させていくはずです。

例えば森ビルという会社があります。この会社自体は上場していないので投資対象にはなりえませんので、あくまで思考の訓練として捉えて下さい。六本木ヒルズなどを造った会社です。

私が日本に行く時は、たいてい虎ノ門ヒルズというところにメインで宿泊しています。私自身が六本木ヒルズに住んだりと、森ビルを実際にたくさん利用してきたので思うのですが、森ビルは三井不動産や三菱地所などの旧財閥系不動産会社と比べると、非常に先駆的な不動産会社で、外国人受けしています。

細かい話ですが、共益費の支払い一つを取っても、外国人を多く顧客に持つ森ビルの場合、クレジットカードで共益費が支払えるため、外国人オーナーにも好まれます。

一方、三井の場合は顧客に日本人が多いせいか、カード払いは受け付けていないので、日本で口座を開設し引き落としの手続きをしたりと、ひと手間かかってしまいます。先日、私が三井の物件を海外居住者として買った時に知ったのが、カードで共益費は支払えないという事だったのです。その場合､例えば母親の口座などを登録して、代理で引き落としてもらうという事をしなければならなかったのです。

海外の人がどちらを選ぶだろうかというと、外国人なら、森ビルの物件を選ぶだろうと思います。もちろん財閥系もその仕組みを採用すれば良いだけであり、その一点だけでは何ら大きな差別化ではないのですが、誰を客に捉えようとしているのかと考えた時に、都市構想などまで含めて見ると、緑と都市の共存、屋上庭園、住働遊の融合などの理念が今後の時代にマッチしており、常に外国人受けする市場コンセプトをリードしている気がしています。

もちろんこれはただの一例ですし、繰り返しますが森ビル自体は未上場なので株を買う事はできませんから私も財務まで深く研究はしていません。

また、私自身は日本人で、三井が好きで三井の物件を買いましたが、２０２０年以降の日本にとって最大の風の一つは、日本と関わりを持つ外国人をターゲットとした企業になると思っています。

この外国人には労働者や短期滞在者、永住者も含みますし、もちろん観光客や日本企業と取引していく海外企業のパートナー達も含めてです。

なぜそう思うかというと、もはや日本は外国人と深く付き合っていかねば今後の成長がないと思っているからです。そこは日本政府も気付いている事でしょう。私は海外生活が長いという事もありますが、日本も外国人との共存がマストになっていくはずなのです。

コンビニで店員さんが自国語で話すのは海外では珍しい話です。ドバイもシンガポールもフィリピンもマレーシアも、英語で誰に対しても共通でコミュニケーションが取れるインフラがコンビニレベルにまで行き渡っています。

どんな馬鹿げた話でも、まず耳を傾ける価値はある。

これまでは内需として日本人向けだけで日本は経済大国でしたが、今後は人口動態の事を考えても、そうはいかなくなってきます。

10人中９人がピンとこないものでも、独自の経験や体験、理論を基に他の投資家が気付いていない価値に気付く。これは実に大切な真理だと思います。

一見リスクの大きそうなものにこそ、真のリターンが秘められている事もあります。

私も進んでリスクを取るタイプではありますが、まだまだ至らない点はあります。例えば仮想通貨にしても、最初の頃は全否定していました。しかし、結果、十数億円の富を成したわけですから、今後はどんな馬鹿げた話であってもまずは話を聞くべきだと思っています。新しいものは、時にこれまでのロジックでは説明できない可能性を持っているからです。

先日も、尊敬している一人の先輩がタイのパタヤの孤島に安い金額で土地を買ったという話を聞いて、「面白いな」と思いました。

現在、タイのパタヤにカジノ建設が議論されているらしいのですが、その有力候補地の一つがその孤島のようで、写真も見させていただきましたが、自然以外何もありません。でも、その先輩は土地に勝機を見出し、土地を買ったようです。さらにパタヤの別の辺境の土地も買っていました。

ぺんぺん草も生えない土地だからこそ、安く取得できるわけです。

これが成功に至るかは将来にならないとわかりませんが、先日セブで実際にオランゴ島という島の土地を数十年前に１００万円以下で買ってそこに家を建てて結果３億円くらいの利益を出したというオーナーさんにお会いしました。たまたまの要素もあるのでしょうが、意識的には、それくらい強く未来をイマジネーションしていこうと努力する事もまたプロ投資家の条件かと思いました。

Check Point

- ☑投資を始める時は、まずはミクロではなくマクロの目を持とう。
- ☑自分が投資したい市場には、どんな登場人物やファクターがあるのかを押さえよう。
- ☑10人中9人がピンとこない何かを見つけて先回りする。それが究極の投資でもある。
- ☑どんな馬鹿げた話でも、まず耳を傾ける価値はある。

ルール
19

他人の言葉で
投資商品を買う
愚か者にはなるな。

他人の言葉を鵜呑みにするのは馬鹿

投資に失敗する人の共通点の中で、私が最も馬鹿馬鹿しいと思うのは、「他人の言葉を鵜呑みにする」という事に尽きます。

彼らは流行りに貪欲です。仮想通貨が流行っていればそれだけの理由で仮想通貨を買うし、株が流行っていればそれだけの理由で株を買います。次にまた何か新しい波が来たら、彼らは間違いなくそちらに乗るでしょう。

しかし、私自身は他人の言葉を鵜呑みにするのは、馬鹿げた事だと確信しています。日々移り変わる中、人々の心は少しずつ変化しているのです。新たな情報が入ってきたり、環境が変わったりするうちに、おおもとの発言者の意見が変わる事は大いにあり得ます。人の言葉とはそれだけ移ろいやすいものです。

だからこそ、他人の言葉を簡単に鵜呑みにしてはいけないのです。いかに有名人や結果を出している人の言葉であっても、自分でその考えを反芻せず、決断を下したならば、それは「あなたの決断」です。他人に責任転嫁するのはお門違いです。何も考えず誰かに追随すればあなたに学びはなく、再現できる持続的な成功は訪れないでしょう。

では、周囲の言葉にできるだけ心や行動を縛られないためには、どうしたらいいのか？　それは、自分のスタンスをコロコロと変えない事です。

自分で徹底的に考え抜いて決断を下したのなら、周囲の人が意見を変えたとしても、自分自身がそう思えないのであれば、それに便乗してはいけません。もし頑なに意思を貫いた事で失敗したとしても、それは深いあなたの学びとなり、追随してラッキーで当たった人をいずれは自分の結果で追い抜いて成功する事もできます。単発で当たる事よりも、自分の意思を貫く癖付けの方が大切なのです。

知識を自分で噛み砕いて、自分オリジナルのものにする

そして、いかにあなたが信頼している人であっても、その言葉を鵜呑みにしてはいけません。

私が仮想通貨を始めたのは、私にとって大切な日本の親友から「仮想通貨は面白いから、与沢さんも始めてみる価値はある」と勧められたからです。最初のうち、私はその友人の話を聞いても「仮想通貨なんて一過性の流行にすぎない」と馬鹿にしてい

ました。

しかし、やはり気になってきて後日いろいろと勉強してみたら、仮想通貨の急激なボラティリティだけは少なくとも面白いぞ、という気持ちになっていきました。いざ、どのコインに投資するかを決める時、その親友は「ビットコインしかあり得ない。今後もっと上がっていくはず」とおっしゃっていました。

でも、私は自分で考えて空気も読まずに「リップルで行く」という決断をし、彼とはその点に限っては違う道を行く事になったのです。今でも仲良しですが、お互い信じる道を行くのみで、一蓮托生になる事とはまた違うのです。

その友人も、一時はビットコインで含み益8億円くらいまで増やしたと聞いていますが、「まだ上がるはず」だと保有し続け、結果、売り時を逃して、含み益を大きく減らしたと先日聞きました。親友はICO（新規仮想通貨公開）に傾倒していた時もあり、私もなるべく付いて行きたい思いでしたが、私の場合は「ICOはない」と早々に判断し、参戦を控えた事もありました。

その友人は本当に頭が良くて、私にとっては仮想通貨においては当初の「先生」のような存在です。でも、そんな尊敬すべき相手であっても、自分と考えが最終的に異なる場合には、別の道を歩むのも必要です。もし私がただ親友に追随していたのでは、今の結果にはなっていません。

最初に新しい知識を先達から得るのは良い事です。でも、全てを鵜呑みにして、そのまま付いていくのではなく、一度自分で咀嚼して、その知識を自分のオリジナルにする事。そうした手法でしか投資で勝つ事はできないと心して下さい。

また、メンターのような存在であっても同様です。彼らは自分を成長させてくれる存在ではあるかもしれません。でも、それはきっかけにすぎません。

ある段階が来たら、自分の道へ進むべきです。彼らを頼り続ける事は、生涯、他人の価値観やルールの下で生きていくのと変わらないのです。

実際、私自身にも昔は「先生」っぽい人が近くに現れた事もありました。しかし、今振り返ってみて、もし彼らに依存していたらその先生を超える可能性も今の自分もないと断言できます。

なぜなら、誰か特定の人に頼り切る事は自分の思考を停止させてしまう事に繋がるからです。すると、途中でハシゴを外される事だってあり得ます。

でも、そこで「裏切られた」「信じていたのに」と恨み言を言うのもまた筋違いです。それは、勝手に期待して依存していた自分が悪いのですから。

あなたも他人の言葉に流されて、一部の聡明な投資家達の利食いのお手伝いに回されるような〝馬鹿〟の一人にはならないで下さい。誰かに付いて行くという事は、仮に成功してもあなたの実力と判断ではありませんし、逆に失敗してもそこに学びはなく、それこそ無価値な行動なのです。

Check Point

- ☑他人の言う銘柄、儲け話を鵜呑みにする馬鹿にはなるな。
- ☑人の心や言葉は移ろいやすいもの。だからこそ、自分の信念を守ろう。
- ☑いかに信頼している人の言葉でも、納得できない限り、追随してはいけない。
- ☑他人の言葉は一度深く検討してから、採用するか否かを判断する習慣を持とう。
- ☑誰かの言葉に踊らされて失敗しても、それは「あなたの責任」。その人を責めず、自己反省しよう。

ルール 20

運命を共にするのが投資。「継続」は「運」を上回る。

自分だけの作品を見つけて洗練・変化させる

「自分が何をやりたいのかよくわからない」

「毎日がつまらなくて、無気力です」

そういった声が、最近とても多く寄せられてきています。私が思うに、そう考える人々の多くは、「何も積み上げていない」のだと思います。

これまで長期的な視点を持って何かに取り組んだ経験がないから、「何をしたらいいのかがわからない」し、「人生が退屈」なのではないでしょうか。


例えば、あなたがアフィリエイトサイトを運営しているとします。でも、漫然とやっていては面白くありません。

どうしたら今よりも魅力的なサイトにできるのか、どうすれば今まで以上に儲けられるサイトになるのか。毎日そのように考えて施策を打っていけば、結果が出る前から、きっとそれだけで楽しくなってきます。

ＳＮＳにハマっている人であれば、ＳＮＳをどうしたらもっと面白く、多くの人が見てくれるようにできるのかを真剣に悩む事。そんな単純な捉え方の違いですが、そういった工夫を続けていく事でより多くの反響が出てきて、日に日に面白くなっていくものです。

起業家が自分の会社を育てながら、「より良い会社にして上場させよう」「将来、高値で買ってもらえる会社にしていこう」と考えている時は、とても楽しいはずです。

何が言いたいかというと、あなたは自分だけの〝作品〟を持っているのか。それを過去5年、10年のスパンで洗練させてきたのか、何か変化をもたらす事はできたのか。それを考えてみて欲しい、という事です。私自身は舞台を変えているように思えるかもしれませんが、駄作ではありつつも「与沢翼」という作品を世に知ってもらうという行動は一貫して積み上げてきています。

ステークホルダーと運命を共にするのが投資

ウォーレン・バフェットの個人資産は約9兆円と言われていますが、その金額になるまでに彼は自身の会社を通じて何度も買い付けや売却を重ね、ポートフォリオを入れ替えてきました。

人生に勝つという事は、いかに人生を変化させて生きるかという事でもあります。そして、それを続けられるかが勝負なのです。

変化ができなくなる事は、社会に適合できなくなるのと同じです。早々にその人や企業、作品は衰退していくでしょう。


私の場合、個人投資家の作品とは、不動産や株、仮想通貨などの投資対象と共に生きる事だと思っています。

例えば、私は海外不動産を多数所有していますが、不動産を所有する事で「その国の行く末を見守りたい」という気持ちが強くなります。

ドバイにたくさんのマンションを所有しているのは、5年後、10年後にドバイがもっと良い国になっていくだろうと期待しているからこそ（ちなみに現時点でのドバイはあまり景気はよろしくないです）。

その時、たくさんの不動産で民泊を運営するのも楽しいかもしれません。1年ごとに自分の家を変えてみるのもいい。息子が大きくなったら、日本にはないドバイの魅力や世界観を、自分の肌で感じて欲しいとも思っています。
不動産に「お金を儲ける」事以外の楽しみが見出せるからこそ、投資する意味があると思っています。それを通じて人との出会いがある事が一番大きいでしょうか。その都市や国、国民や経済と人生を共にするのが不動産投資です。

これは不動産投資に限りません。株ならばその企業や社員と人生は共にあり、仮想通貨と共に人生を歩むのならば、ブロックチェーンが何かを変える事を信じているからこそ。そのくらいの気持ちで、長期的に積み上げていくものがない人生は、つまらないものです。面白い人生とは、時間をかけて何かを育てる事です。

そして投資において何より大事なのは、「運」ではなく「継続力」だと思っています。真剣に投資を積み重ねていくと、必ず人は学習し成長していきます。その結果、どんどん高い成果をあげるようになるので、ちょっとやそっとの運などでは敵わない結果を出す事になります。
つまり、長期に渡って生き残って継続し、堅実な結果を出し続けられれば、いずれは「運」を上回る圧倒的な「成績」を残す事ができるのです。継続は打率の向上にも繋がっているのです。

もしあなたが今、人生に空虚な気持ちを抱いているのであれば、まずはあなたが生涯をかけて作り続けたいと思えるような〝作品〟を持って下さい。

自分で「これが作品だ」と思えるものを作り始め、持続的にそれを成長させられれば、その過程で必ずやりがいや幸せを感じる事ができるようになります。

Check Point

- ☑長期的な視点を持って少しずつ積み上げていくと人生は楽しくなる。
- ☑5年、10年をかけて、自分だけの「作品」を育てていこう。
- ☑恒久的な成功を維持するためには時に変化する事も必要。
- ☑継続し、学習し、変化し続ける事で、運を上回る成果を出せる。

ルール 21

人生とは投資の連続。
失敗した数だけ糧になる。

中途半端に手を広げず、集中して深く投資せよ。

本質を見抜けるのは投資能力のある人だけ

さて、ここまで「投資の法則」についてお伝えしてきましたが、投資能力を高める事で得られるのは、お金を貯める事だけではありません。

人生は投資の連続です。ですから、投資能力を高めると、自分の人生を高める事にも繋がると確信しています。


私がテレビに出た時、成功者や富裕層の方々から、とても馬鹿にされました。

「あんな成り金タイプの男は絶対に失敗する」

「あいつのやり方は間違っているし、偽物だ」

散々な言葉を数多く浴びせられてきました。確かに私は何回も失敗しています。でも、はっきりと言いたいのが、その失敗の度に図太く強くなっているという事です。

人を馬鹿にするのはとても簡単です。逆に既に成功しているものを見て高く評価するのは誰にもできる事です。逆に、落ちぶれた人や、まだ高い値がついていないものに対して高い評価をする事は、投資能力のある限られた人にしかできません。

そう考えると、つくづく「この人には投資能力があるな」と思うのが、うちの妻です。たまにインターネットの声などで「一番の成功者は与沢の嫁だ」という書き込みをされるのですが、確かにその通りです。

最初に会った時は、私はまだまだ女遊びも半端じゃなかったですし、会社も解散させてお金もない状態でした。ダイエットをする前だったので不健康そのものの体です。おまけに当時の私には結婚願望もなかったので、私にきちんとした結婚をする意志があるのかどうかも妻にはわからなかったはずです。

子供が生まれて、今はとても息子を可愛がっていますが、付き合った当時は「与沢が子育てなんてするわけないだろう」と誰もが思っていたはずです。まして痩せる可能性など私ですら信じていませんでした（笑）。実際、私が子を溺愛し、家族を中心に考え、敗者復活を遂げ大金を掴み、家族のために多額の保険にまで入り、運動まで頑張るキャラになるとは誰も予想していなくて、それを読めなかった女性達は私の元を去っていくか、もしくは私を恋愛対象とはそもそも見ていなかったのです。

そこで、妻に以前、「なぜ自分を選んだのか」と聞いてみたら、彼女は私がこうなる事を自然と読んでいたのです。

「今は行動もひどいけれど、この人はいつか変わる。ちゃんとするはず」だと。

妻は論理的な思考力は皆無で、言葉にするのは下手だし、きちんと明快な言葉で順序立てて話すのも苦手です。非常に感覚的な人間で、嘘をつくタイプの人間や性根が腐っているタイプの人間をすぐに見抜きます。

私自身はそうした非論理的なものだけに頼るのは怖くて最終的にはロジカルにジャッジする自分がいるのですが、世の中の一部にはきっとそういう「直感だけで物事を見抜くのが上手い人」がいるのだと思います。


まだ形にもなっていない頃のＦａｃｅｂｏｏｋに投資したピーター・ティールや、怪しいベンチャーだったアリババに投資して成功させたソフトバンクの孫正義さんなどはまさにそういうタイプの方々だと思います。

なぜなら、まともな決算が出てくる前の雑居ビルに存在する胡散臭い会社に投資しているわけですから、論理よりも非論理の部分にて強く判断したであろうと推察できるのです。もちろん、お二人とも非常に論理的で聡明な部分もお持ちです。

かくいう私も時に言語にせず直感で判断する事もあるので、両者は相互に補うのが本来の姿なのかもしれません。この点、妻のように感覚だけで判断するのは珍しいタイプだと思っています。

何度も失敗し、学び、投資能力を磨け

投資能力を向上していけば、人生は必ず上手くいきます。自分が付き合うべき人、結婚するべき人、仕事をするべき人、さらに住むべき国やいるべき環境など、あらゆるものが見えてきます。そう考えると、人生の全ては投資能力次第だと思います。

とはいえ、数学のように、公式を当てはめたら綺麗に答えが出るようなものではなく、投資に〝絶対の必勝法〟はないです。何度も失敗し、何度も選択しながらやっていけば、次第にセンサーの感度が上がっていく。そしてその時々の前提条件が変わるのが社会なので、前提をいつも正しく客観的に把握し、今後の流れをなるべく適切に予測していく事が大切です。

私の20代は、お金に困ってばかりでした。すぐに騙されていましたし、余計な事にもたくさんお金を使いました。

でも、30代になってからは、20代の失敗の蓄積があったおかげで、騙された経験は一度もありません。また、お金に困る事も全くなくなりました。それは、ひたすら20代に失敗し反省し続けたからこそだと思っています。

この経験から言える事は、その失敗をもとに、人間関係やお金、時間の使い道について、厳格な自分基準を作り出した、という事です。

私の基準は厳しく、仲が良いからといって馴れ合いで何かを一緒にする事はなく、仲が良くても空気を読まずに断ります。なぜなら、他人に乗るという事をしてきて、ことごとく私はお金を失ってきたからです。

人は誰かと同じ行動をするのが好きです。安心もできるし同じトークができる。一人で投資したら話し相手すらいない。しかし、私の経験から言って、皆と同じ道が破滅の始まりです。だから、私の仕事はお断りする事です。友人からのお誘いや営業に乗って投資する事はあり得ず、投資対象は必ず自分で探してきます。

親友が心から善かれと思って私にしてくれたオファーであっても、断らなければならない時もあります。もし他人に便乗するだけであれば資産など一瞬で吹き飛んでしまうからです。

あなたがお金を本当に大切だと思うのなら、投資対象は失敗してでも、必ず自分で探してくるべきです。

情報のきっかけがネットであったり雑誌である事は全く問題ありません。むしろ、どんな所からであっても積極的に情報を取りに行くべきですが、その後、思考判断をするのはあなた以外にいないのです。

逆にそれができないなら、まだ投資は時期尚早という事になります。苦労してでも、自分で決断する癖をつけて下さい。

Check Point

- ☑成功しているものを評価するのは誰にでもできる。まだ世間から価値が見出されていないものを評価する事が、本物の投資能力である。
- ☑本物の投資能力を持ち、大切なものを見定められるようになっていけば、人生全体が向上していく。
- ☑投資能力は、数学の公式ではない。常に正しい解というものは存在しておらず、その時々の情勢(大前提)を正しく把握し、緩急をつけて臨む事。同じ銘柄であってもエントリーとエグジットのタイミング及び金額の配分で失敗者と成功者とが分かれる事もある。
- ☑他人からの誘いを検証せずに乗る事は一切あってはならない。このルールに例外はない。

一日一日を
全力で。
その積み重ねが
大きな結果に繋がる!

第4章 健康の法則

あなたはダイエットに関する俗説を
信じていないだろうか。
専門家のアドバイスを
そのまま受け入れてはいないだろうか。
どんな人からの助言も、
理に適っていないものは排除する。
そうやって私は2か月で
22kgの減量に成功できた。

ルール22

2か月で22kgの減量。成功した理由は「強い動機」と「理想的な環境」。

今までダイエットが成功できなかった理由

２０１８年6月から8月にかけての65日間で、私は「身長１６７cm、体重91・２kg、体脂肪率33・２％」という体型を脱し、体重69・７kg、体脂肪率24％にまで減量するという最短・最速のダイエットに成功しました。未だにやや太りぎみではありますが、異様な体型からは、ごく短期間で脱する事ができました。

約22kgの減量を経た現在も、体重は60kg台後半で、体脂肪率は21％を切る程度にまでなっています。

とはいえ、私のダイエット人生は失敗の連続でした。これまで１００回は挑戦して、数百万円というお金まで投じてきたのに、痩せる事はできませんでした。

ライザップやトータルワークアウト、その他プライベートジムなどにも何度も挑戦しましたし、紹介された高額のサプリメントを購入しては、どれもやめてしまい失敗に終わりました。

これまで失敗続きだったはずなのに、なぜ今回は成功できたのか。

その最大の理由は、ダイエットへの強烈なモチベーションを生む「強い目的」があったからだと思っています。

35歳にして167cmで90kg台という体重は、かなりの肥満体型だったという自覚はありますが、そもそもなぜ私はここまで太ってしまったのか。

その原因は、私が一つの事しかできないアンバランスな人間だからだと思います。

普通の人であれば日頃からマメに体重管理をしていて、少し体重が増えたら「元に戻さなければ」と定期的に調整を入れるのかもしれませんが、私にとってここ10年間の至上命題は、体重よりもお金を稼ぐ事でした。

「お金を稼ぐ」という一つの目標の前にはダイエットなんてどうだっていい。むしろ、「ダイエットに余計な気を回したせいでお金を稼ぐのに悪影響が及ぶくらいなら、太っていても全然構わない」とさえ思っていたのです。

ダイエットを始めようと思ったきっかけ

そんな私が、2018年6月からダイエットを始めるきっかけになったのは、バンク・オブ・シンガポール（BOS）経由での生命保険への加入でした。

投資に成功して以来、ここ数年は目の前のお金を稼ぐ事から一歩離れ、将来の事を考えるようになりました。そして、ふと「もし今、自分が死んでしまった場合に備えて、不動産、債券、株、仮想通貨など現金化が複雑な変動資産だけでなく、使いやすい多額の現金こそ妻や子供、親に遺す必要があるのではないか」と思い、運用型保険に加入する決意をしました。

私が加入しようとしたバンク・オブ・シンガポールの生命保険は、加入時に5億2000万円の保険料を支払えば、仮に私が死んだ場合、保険金32億円が家族に支払われるというもの。

さらに、資産運用の観点からも優れており、加入後、私が長く生き続けた場合も、解約すれば32億円近く支払われるという日本には存在しない特別な金融商品で、死んでよし、生きてよしになっている複利型の生命保険なのです。

これならば、家族のためにも投資のためにも加入すべきだと思ったのです。

しかし、この保険で問題だったのが、太り過ぎていると加入を断られたり、保険料が高くなったり、掛け金に対するリターンの倍率が劣ったりする事でした。よく考えれば当然の事で、保険会社としては簡単に死んでしまわれると損するからです。長く預けてもらって、なるべく加入者は死なないに越した事はない。太っている人は各種の病気になりやすいのは医学的にも証明されている事実だからです。

それにしても「自分が太っているという事実がハンデとなって、資産形成に影響が出てしまう」という事実に直面して大きなショックを受けました。

今回に限らず、体重が私の自信にブレーキを掛ける原因になる事は多々ありました。「与沢さんが痩せればもっと発言にも説得力が増すのに」「自己管理すらできない人間は信頼できない」などという言葉を幾度となく浴びせられて、悲しい思いをした事もあります。

また、海やプールなどで裸体をさらけ出す機会があっても、自分の体型を見られるのが恥ずかしくて、ずっと隠してきました。

何度も「太っている」だけでつらい目に遭ったものの、「今の自分にはお金を稼ぐ方が重要だ」「太っていてもこれまでお金が稼げてきたじゃないか」という思いが先行し、「痩せたい」という気持ちに対して、どこか本気になり切れていない自分がいました。

しかしながら、今回だけは肥満がダイレクトに資産形成に悪影響を及ぼすという事実に直面し、真剣に考えました。今もしダイエットで20kgでも痩せれば有利な条件が引き出せるうえに、コンプレックスを克服でき、なおかつSNS上のネタにもなる。まさに一石三鳥であると考えたのです。

自分の哲学がダイエットにも通じる事を証明したい

保険料以外に、ダイエットに挑戦しようと思ったもう一つの理由が、「自分の哲学を証明したい」という気持ちでした。

体型管理とお金管理は似ている部分があると、よく言われます。厳密には同じものではないですが、確かに「ストイックさが必要である」や「一度自分が決めたルールはとにかく守る」など、似ている点が多いのもわかります。

そして、私のお金に関する哲学はお金稼ぎだけでなく、ダイエットにも通じる〝共通哲学〟ではないか。「自分の哲学の正しさを証明するためにも、何としてでもダイエットを成功させてやろう」と考えたのです。

実際、この「自分の哲学の証明」というテーゼはダイエット期間中の支えにもなり、何度となくモチベーションになってくれました。

理想的な環境で始められたダイエット

ダイエットを決意した時の環境も非常に良かったと思います。

何より良かったのが、海外生活をしていたという点です。日本にいる時は毎日のように会食などの誘いがありました。ところが海外暮らしの今は、食事に誘われる事もほとんどなくなりました。

さらに、日本では会社を経営していたので、仮に自分が休みたいと思っても簡単には休めませんでした。でも、今の私は投資家として一人で活動しているので、ニートのようなもの。仮にしばらく仕事を休んでも誰にも迷惑を掛けません。

また、人は年齢と共に代謝が落ち、どうしても痩せにくくなっていきます。どうせダイエットを始めるならば、一番若い〝今〟がベストであるはずです。

私がダイエットを決断した場所はタイのバンコクだったのですが、タイは気候が良くて、運動へのモチベーションを上げてくれたことも幸運でした。

人生でダイエットをするなら、本当に暇で、お金もあり、精神的余裕のある「今」しかない。今を逃せば二度とチャンスはない。そのくらいの覚悟を持って、ダイエットに臨む事ができました。

そして環境として最適であった最後の理由として、しばらく仮想通貨も株も熱狂的な相場は来ないであろうという見込みがあった点です。ポジションは持ったままでしたが、相場を注視する必要なし、追加資金を今は投入せず、という静観の立場でした。仮想通貨のマーケットが復活するには最大で数年はかかると本気で思っていたし、株式市場もアメリカを中心に最高値圏にあったため、これ以上のポジションを積むべき時期でもないと考えました。

さらに、私は、既に自分で主宰するオンラインスクールなどは長い間、完全にやめていたし、コンサルティングやセミナー等にあっては元々行っていなかったのでお客様という存在もありませんでした。友達もいなければ、お客様もいない。

また、２０１８年以降はアフィリエイトも縮小化していたため、時間が余っていました。さらに、購入した不動産はまだ建設中のものが多く、お金の部分でこれといって熱狂できるものや、やるべき事がなかったタイミングに入っていたのです。

私は自分の体験から常々思っているのですが、お金が欲しいからといって欲をかいて常にアクセルを踏み続けると、それは失敗に繋がるという事です。相場は自分に都合良くできるものではないですし、ビジネスのトレンドも変わっていきます。

一つの成功体験に拘り自分の都合で無理をしたり、タイミングでない時にアクセルを踏めば傷を深めたり、ただ無駄な時間を過ごす事にもなります。成果の出ない時に成果の出ない事に時間を使うよりも、成果の出せるものにこそタイミング良く取り組む事が大切です。

時に債券や保険のような年利5％程度の堅実な投資に傾倒し守りを固める事も必要ですし、逆に勝機到来と思えば、リスク資産に強力に資金集中させる事もあります。攻めるべき時に攻めなければ大きく勝てないのと同様に、時期でない時に無理をすると時間と資産の浪費になるのです。これら「緩急」であり、「メリハリ」と言えます。

この強弱の付け方を大切にしているからこそ勝つ時に勝つ事ができ、また毎年順調に純資産を積み上げてこれたと思っています。

２０１７年は投資上よく攻めた年だったので、２０１８年は守りの投資をしようと思って債券を５００万ドル分買った後、生命保険にでも入ろうと思ったところ、良好な健康が求められると知って、ならば相場も時期でないと思うから自己管理だけで成し得るダイエットに挑戦する事にしたというのが経緯です。大切な事は、それをやる明確な理由と、それを遂行できる邪魔のない環境の整備です。

「強い目的」と「ベストな環境」。このどちらが欠けても、今までと同じように途中で諦めてしまい、ダイエットは成功しなかっただろうと思っています。

Check Point

- なぜ痩せたいのか。減量の先にある強烈な動機を固めよう。
- 集中を奪われない時間と環境を確保しよう。
- 減量は加齢と共に困難になっていくため早ければ早い方が良い。
- ダイエットを始めるなら人生で最も若い「今」がベストタイミング。

ルール 23

初動で手を抜くな。時間をドブに捨てるな。

ダイエットも最短・最速を貫け。

ダイエットを決意したその日から即行動!

「最短・最速で行動する」という事は、ダイエットにおいても重要です。

私が今回ダイエットを決意したのは、２０１８年６月９日。決意したその日のうちにトレーナーさんに連絡を取って、翌日には自宅で面談へ。そして、６月13日から本格的にトレーニングを始めました。考えていても仕方ないので、とにかく動く事が大切です。

いきなり筋トレという決断を下したので、周囲からは「え、いきなりトレーニングなの?」「まずは自分の食事法とかを見直してみたらいいのに」「少し痩せてから筋トレした方がいい」と驚きの声も上がりました。

確かに見切り発車な行動かもしれませんが、ダイエットにおいても「速度が大切だ」という直感がありました。

もし筋トレが自分に合ってなかったなら、それはそれでいいと思っていました。

なぜなら、「あぁ、筋トレは自分に合わないんだ。じゃあ他の方法を探そう」と選択肢を狭めていけるからです。

なにも筋トレが全てではない。でもやってみなければ、良いか悪いかもわからない。行動を起こさないで考えているだけでは、いつまでたっても良いアイディアに行き着く事はありません。

もし私が「ダイエットする事は決めたけれど、自分に合う最高のプランをゆっくりと考えてから始めよう」などとじっくり腰を据えて考えていたら、きっと途中でダイエットそのものをいつものように忘れていたでしょう。

今回は全てを捨ててダイエットだけを取りに行くという覚悟と環境の整備がありましたので、熱が冷めないうちに何でもいいからとにかく始める必要があったのです。

学生時代に光通信の重田康光会長にお会いした時、「起業して3年で最低でも10億円の商いにできない人は、大きな実業家にはなれないであろう」と言われた事があります。

初動で手を抜く人間は、いつまでも一流にはなれない。初動の爆発的な結果が大切であり、初動はその後の運命まで左右する、これはダイエットにおいても言える事です。

10億円稼ぐ事よりもキツかった！

最短・最速をモットーとするゆえ、今回のダイエットは2か月間で20kg減量するという超集中型ダイエットでした。

このプランを発表すると、医師はもちろん、ネット上からも「時間をかけてゆっくりやらないとリバウンドする」「体の皮がたるんで醜くなる」との声が多く寄せられました。

でも実際にやってみて、ダイエットは最短・最速が一番であるとの確信が持てました。なぜなら、減量はメンタル的に死ぬほどキツいからです。

個人的には、10億円稼ぐよりも、今回のダイエットの方がキツかったです。

ダイエットは、本気でやればやるほどその人の心にストレスをかけますし、周りの人とのコミュニケーションに支障をきたします。

好きなものを食べられないストレス、筋トレや有酸素運動など太った体に異様に負荷をかけるストレス、家族と一緒に食事を取れないストレス、飲み会や旅行などの誘いに乗れないストレスなど、様々なストレスが減量中の私を苦しめました。

特につらかったのが、妻の誕生日のディナーで一緒に食事をできなかった時と、息子の初めての運動会の昼食会に参加できなかった時です。

本来であれば大切な妻の記念日を祝いたいのに、妻がレストランでたった一人で食事をしている姿や、息子の初めての運動会で妻と息子が私抜きで他の親達と食事をしている様子を見て、「本当に申し訳ない。早くこの状況から脱したい」と心から思いました。

でも逆に、「ここまでつらい状況をも耐え抜く事ができたのだから、自分は絶対にダイエットを成功できるはず。いや、しなければならない」と決意を新たにしたものです。

勢いがあるうちにやってしまわないと、何事も継続できません。先延ばししたり例外を作ってしまったら、また最初からやり直し。しかし、人の決意など、そう長く続かないものなのです。挫折をする度に自信を失っていき、いつしか最初の決意などどこへやら、といった事になります。そこで、どんな例外をも許さず、とにかく自分との約束だけを守る事に徹しました。

１年で10kgではなく、１か月で10kg

「短期間での急激なダイエットは健康に良くない」「非常に危険だ」などたくさん言われましたが、今、脂肪に包まれて生きているこの肥満の状態の方が、明らかに不健康です。

健康は、痩せてからどうにでも確保できるはず。逃げる言い訳を用意せず、何かを犠牲にしてでもまず痩せると誓いました。

期間限定で、短期的に爆発的な結果を出すには、無理をするのは当然の事です。

お金を稼ぐうえでも同じです。

みんなと同じ事をやっても、お金持ちにはなれません。人と違う事を自分の頭で考えてやらないと、圧倒的な結果を出す事はいつだってできないのです。

１年間で10kg落とすのではなく、１か月で10kg落とす。

仮にダイエットに１年間もかけている人がいたとしたら、「１年間をドブに捨てているのでは」と思わざるを得ません。時間の持つ価値をわかっていない。２か月で終わらせて、残り10か月で別の事をいくつも達成していけます。そういうゆっくりマインドの人は何をやってもおそらくゆっくりとしている事でしょうが、人生は有限なのです。
突き抜けた存在になりたいのであれば、そんなにダラダラと減量に時間を費やすよりも、太ったままでもいいから、別の事に注力してブチ抜いた方がよっぽどマシです。

ゆっくりと自分の体を変えられるなどと思うのは妄想なのです。少なくとも初動の大切さを理解していないので、その後、本当にそれが実現するかというと、その確率は極めて低くなります。何度も言いますが、人の決意は長期間持たないからです。また、同じ環境が自分に続くとも限りません。ストレスのある状況がいつやってきてもおかしくないのです。大相場が来てお金を見る必要があるかもしれません。
やる時は最短・最速で一気にやって、後からゆっくりやっていく。離陸後の安定飛行時には、もはや強大なエネルギーは必要としません。初動を成功させれば後は楽にやっていけます。このスタイルこそが最強だと、声を大にして言いたいと思います。

なお、たるむと言われていた皮は全くたるんでおらず、自分で言うのもなんですが、ピチピチのお肌になりました。さらに、27日に及ぶプロテインドリンク以外は取らない断食も後半に実施しましたが、全く健康を害す事なく、終わってみれば痩せた体で今は健康的な食事を取れています。つまり、皆さんから心配された懸念事項は全て実現しなかったわけです。これも「やってみなければわからない」事の証左ではないでしょうか。

Check Point

☑減量を決めたなら、すぐに行動を。でなければ、今回もまた挫折してしまう。
☑ダイエットはいろんな犠牲を生む苦行である。だからこそ、短期決戦が大事。
☑ダイエットに時間をかけるな。それは時間をドブに捨てるのと同じ事。

ルール24

血糖値をコントロールし、
肥満の悪循環から抜け出せ。
ダイエットのセンターピンは
「食べないで、
鬼動く」事である。

運動しておにぎり1個分の消費なら、食べない方がいい

今回の減量にあたって、私がダイエットのセンターピンとして設定したのは「食べないで、鬼動く」というものでした。

これは文字通り、「できる限り食べないで、たくさん運動をすれば人間は痩せる」という事。でも、その考えに至るまでには、多少の回り道がありました。

まず、たくさんのリサーチの結果、一番効果が高いのでは、と最初に私が予測したのは、「食事が9割、運動が1割」というものでした。食事制限の方がダイエットには有効という考え方ですが、私はそれをさらに極端に解釈し、「食事をできるだけ取らない事が痩せる方法だ」と考えたのです。

私のこの決断の根拠は、「時速6～7㎞でランニングを30分続けるという有酸素運動をした場合、カロリーは200kcalしか消費されない」というものです。200kcalというのは、だいたいおにぎり1個分です。

30分間ランニングをしても、たったおにぎり1個分しかカロリーを減らす事ができ

ないなら、運動しなくても、おにぎり1個分の食事を取らなければ、２００kcal分痩せられるという事になります。

この超単純な図式が頭に浮かび、ダイエットにおける最初のセンターピンとして「とにかく食べない」というルールを設定し、誰に何と言われようと運動はとりあえず週3回の筋トレと毎日60分の有酸素運動のみ継続し、まずは食事制限に重きを置く事にしました。


私はいつもそうしていますが、とにかくルールはシンプルでなければいけないのです。投資であってもいろいろな説明は私もできますが、実際取っている行動は常にシンプルです。

例えば、複雑な分厚い本を読んでお金が儲かるでしょうか？　お客さんを集客できるでしょうか？　体が痩せていくでしょうか？　答えはＮＯです。

知識として学ぶ事は様々な仮説を立てるために私もやりますが、結局、最後は常にシンプルなルールに帰結し、それだけで成果が出ています。複雑で分厚く長ったらしいルールや学説を読み込んでも実践ができないし、それゆえ結果は1ミリも出ません。

難しい事を考えるほど、結果が遠のくのです。

なぜ炭水化物を摂ると太るのか?

とはいえ、全く食べないと、人間は生きられませんし、初動が成功したら、いずれはまた食事を再開せねばなりません。

そこで次に考えたのが、減量やその後の維持をしていくうえでどんな食事法が最適なのかという事。数多くの食事法の中で私が「これが本質じゃないか」と思ったのは、血糖値をコントロールする事で、太りにくい体を作るというものです。

血糖値について簡単に説明すると、ご飯やパンなどの炭水化物には糖質が含まれており、その糖質は食事などで摂取した際に血液を通じて運ばれます。すると、血液中の糖分が増えて血糖値が上がります。

ここで血糖値が緩やかに上がっていけばいいのですが、急激に上がってしまうとその血糖値を下げるために、すい臓から「インシュリン」が大量に分泌されます。

インシュリンには、使い切れなかった糖を中性脂肪として蓄えたり、脂肪の分解を抑制する働きもあり、肥満の原因になってしまいます。肥満体質の人は、血糖値をコントロールし、この悪循環から抜け出さなければいけません。

なぜ、この「血糖値コントロール法」を採用したのかというと、これは自分の実体験が基になっています。

驚かれるかもしれませんが、もともと私はそれほど大食いではありません。妻からも「私が知っている男友達に比べると、つーくん（私の事）はそんなに食事量が多くないのに、なぜか太ってしまうね」と常々言われてきました。

私自身も「確かにテレビで見る巨漢の人達ほど全く食べていないはずなのに、なぜ太るのだろう」と不思議に思っていました。食べても太らない人がいて、それほど食べなくても太っている人も確かにいる。

そこで自身のライフスタイルをいろいろと思い出してみると、起業家時代の私は忙しさから3食きちんと食事を取らず、朝昼を抜いていました。そんな低血糖状態にもかかわらず、深夜に空腹状態でガッツリ2人前くらいのカツ丼とかカレーとか中華を食べるのが当たり前の食生活を送っていました。

この血糖値と脂肪の関係を聞いた時、初めて「なぜ自分が太っているのか」を理解したように思ったのです。

対処法としては、食事の前に常温水を１杯飲んで空腹感を少しでも中和したり、今では維持のフェーズとして１００％これを実践していますが、野菜などの食物繊維を必ず最初に食べるなどしておくと血糖値の上昇が緩やかになり、脂肪の増加を防止できるようです。

簡単に言えば鬼の空腹時に丼もののようながっつりとした主食をいきなり短時間で食べるというのが、太る原因なのです。

もちろん人間はいくつかの体質の種別に分けられる事もわかっており、全員が全員必ずしも太るわけではありません。空腹時にがっつりいきなり食べても太らない人は確かにいるでしょうが、私の場合はこれは肥満の最大の原因でした。

そこで、「血糖値のコントロール」こそが、まずは自分が実施すべき食事管理におけるセンターピンなのではないかと思い、取り入れ、これは今でも継続しています。

野菜から食べる方法以外には、料理を食べる時間の間隔をあけて、ゆっくりにする事です。カロリー云々はここでは問題にせず、例えばコース料理は非常に理に適っています。前菜が出て、スープが出て、いくつかの一品が出て、タンパク質である肉や魚が出て、炭水化物が最後の方に出てきます。本当のラストはデザートですが、デザートも最初にいきなり食べると血糖値が急上昇しますが、ラストに食べるなら血糖値の急上昇を抑える事ができます。

野菜→タンパク質→炭水化物という順で食べる事は、体質を問わず、おそらく全ての人の健康にとってプラスだと思います。

デザートは砂糖の塊で中毒性を持ち、健康にも率直に言って良くはないです。当然、太っていく原因になります。ですから、デザートはダイエット中は取るべきではないですが、維持のフェーズに入ったら最後にたまに食べるのは全く問題ないです。

ダイエットを終えた後、私はここに書いたフルコースやデザートなどをたくさん食べましたが、全く太りませんでした。それは野菜から必ずいただいて飢餓感を常に緩和して、時間をかけてゆっくりと食事をするようになったからです。丼ものを一日一回短時間でドカッと食うというのは、今思えば太るはずです。

話を戻しますが、初動65日間において私は、どうせならば脂肪の元凶である炭水化物はとりあえずはいったん全てカットし、高タンパク・ゼロ糖質の食事を実践する事にしました。

もちろん「ゼロ」といっても、たいていの食材には多少なりとも糖質が含まれていますが、わかりやすく「ダイエット期間中は米、麺、パン、パスタ、ケーキ、デザートなど糖質ものは一切食べない」という事を決めました。

結果的に、65日のダイエット期間中、一度もこれらの炭水化物は摂取していません。よく言われるチートデー（週一とかで好きな食べ物をＯＫとする日）は、私は採用しませんでした。一度例外を作ると、そこから全てが崩れていく可能性があると感じたからです。今回の私は背水の陣、不退転の覚悟だったのです。

辿り着いた「食べずに、鬼動く」というルール

低糖質・高タンパクの食事で確かに体重は少しずつ落ちていったのですが、その後、

直面したのが「停滞期」です。

食事のカロリー摂取量は少なく運動もしていたのに、なぜか体重が減らない日が続いたため、「食事9割、運動1割」というセンターピンを一度見つめ直し、運動の比重を上げてみる事にしました。

具体的には有酸素運動として毎日やっていた水泳の時間を60分から90分に長くしたり、散歩をして街を毎日歩くようにしました。

少しずつ痩せてくると動く事自体が苦痛でなくなります。正常な体の人には理解できないと思いますが、太っている人間が運動するというのは想像を超える苦痛なのです。だからこそ初動で無理をしてでも軽くしてしまった方が運動がやりやすくなり、結果的にダイエット全体も成功します。

このように運動を増やしたのと同時に食事制限の限界の先を見てみたいと思って断食にも10日間挑戦してみると、体重は驚くほど落ちていきました。

見事に変化が出てきたので、「自分の理論は間違ってなかった」と確信を持ち、この時に生まれたルールが「食べずに、鬼動く」です。

結局、食事を減らす事が初動で痩せるうえでは最も大切な要素なのですが、運動をしないと途中停滞期が来た時にどうにもならなくなります。停滞期にこそ運動に力を入れると、再び痩せていく事を体験しました。

また、筋トレや有酸素運動をして痩せると、綺麗に痩せる事ができます。私は皮のたるみも全くなく、肌は20代の時同様にハリが戻りましたが、これは食事制限だけせずに、きちんと運動を並行していったからだと思っています。

それ以降は現在に至るまで、体型管理にとっては「食事５割、運動５割」のウエイトが大事であると、双方を平等に見ています。

「断食」で22kgの減量に成功！

さて話を戻しますが、ここでは途中で私が断食に移行したきっかけについてお話しします。運動と糖質カットをして体重が減ったのは最初の方だけでした。その後はすぐに停滞期に入り、思うように体重は減りませんでした。

原因を考えてみたところ、筋トレのある日は筋肉量を減らさないためにと高タンパクの食事を食べ続けているのが問題ではないかと思うようになりました。

そこで、「短期間で結果を出すには、もっと突き抜けた事をしないと目標体重には届かない」と、筋トレの日も断食を決断します。

そして、7月19日から8月14日までの27日間には、粉末プロテインしか取らない「断食」を1日の例外もなく実行。1日300kcal以下に抑えた生活をおよそ4週間続けた事が功を奏し、後半の断食期間で14kg程度、結果として計22kgの減量に成功しました。


このダイエット法は私には合っていたのかもしれませんが、他の方に合っているとは限りません。

私の場合、普通の人よりもおそらく体が強かったというのと、もともと脂肪が多い体だったからこそ、通用したのかもしれません。

人の体質や性格、環境によって、効果的な方法は異なります。

だからこそ、最初に「これだ!」と信じたセンターピンが正しくない事もあるし、自分には合わない事もあります。

欲しい結果が出なければ、すぐに軌道修正して結果を取りに行く。

誰かのせいにもせず、言い訳もせず、自分の体を使って自分の頭で考えて悩みながらも正解を探しにいく。そうすればダイエットは成功できます。

Check Point

- ☑「食事を減らし、運動しまくる事」がダイエットのセンターピン。
- ☑食事量より、「どの順番で」「何を食べるか」をもっと意識しよう。
- ☑空腹からのドカ食いはご法度。ゆっくり時間をかけて、血糖値の急上昇を避けよ。
- ☑体重が落ちない時は、自分の方法論を見直す事も必要。

ルール25

デブでいる事自体が不健康。
デブが健康的に痩せる方法などない。

周囲の批判や反論には耳を貸さず、自分の信念を貫き通す。

1秒でも早く不健康なデブから脱却する

ダイエットにおいても、「自分の芯」は絶対に貫き通すべきだと思います。

先ほどご紹介したように、私自身がダイエット終盤に「断食して、運動もする。これこそが最短で減量するための最強のソリューションだ」と特定し、断食を発表した時には、ネット上を中心に、とてつもない批判や反論が殺到しました。

「食べながらでないと筋肉量が落ちるから、リバウンドしやすい体になる」
「断食を続けると、体に悪い」

私がやっている常識外れの減量法に対し、ほとんどの意見が否定的だったと思います。

ただ、リバウンドの心配ができるのは、痩せる事に成功した人だけです。まだ痩せてもいないのにリバウンドの心配をするというのは、まだ大金を稼いでもいないのに税金の心配をしているようなもので、全く意味がありません。

また、「食べないと体に悪い」という批判についても、ナンセンスです。なぜなら、太っているという状態自体が既に不健康だからです。そもそも不健康な存在なのだから、健康的に痩せる方法などあり得ません。

1秒でも早くデブを脱して、その後に健康的になる事。それを考えるしかないのです。まずデブを脱却しないと、健康意識をいかに積み上げても意味はありません。それは、お金がない愛のようなものです。

さらに言えば、世間からの批判に対して、私の中では「断食をしても、おそらく自分の生命が脅かされる事はないだろう」という確信がありました。

その根拠となったのが、タイで少年達が洞窟に閉じ込められた事件です。

彼らは救出までの9日間、摂取していたのは水とちょっとの栄養補助食品のみだったそうです。このニュースを見た時に「子供が同じタイで9日間何も食べずに生きられるなら、自分は9日間以上は絶対に大丈夫だろう」と確信していました。

また、ダイエットの前半で3日間のファスティング（断食）を取り入れた時に、体重が驚くほど落ちた事も鮮烈に記憶に残っていました。

一方で、アスリートやボディビルダーなど、いわゆるボディメイクのプロフェッショナルの方や自分自身が既に結果を出している方からも、

「自分も大会前などで急な減量が必要な時には、そういうやり方で極端にウエイトを落とした事がある」

「ボディコントロールが必要な時には食べないで運動する事もある」

といった意見をもらっていました。

「本気で痩せる必要があるプロが飛び道具的に使っているのであれば、おそらく私が活用する事も可能だ」と思い、彼らの言葉も、私が断食を進めていく原動力になりました。

なお、断食前の私は、炭水化物を抜いてタンパク質を中心とした食事を取っていたわけですが、筋肉量を増やしたい人にとってはダイエット中でも筋肉のもととなるタンパク質は必須なので、タンパク質中心の生活は理に適っています。

しかし、タンパク質も脂肪に変わります。ならば、極論を言えば、タンパク質を摂る事もダイエット停滞の要因になり得るわけです。

今回の減量の最大の目標は「保険加入前に1kgでも多く体重を落とし、標準男性のBMIにして、保険金をできるだけ安くしリターンの良いオファーをもらう」という事です。ですから、筋肉量は二の次。とにかく脂肪をまずは落としたくて仕方ありませんでした。目的はどこにあるのか、常にこの事も忘れてはいけません。

ダイエットにも通じる事を証明できた〝自分の哲学〟

目標通り20kg以上の減量に成功して5億2000万円の掛け金に対し32億円の保障のある生命保険のオファーを手にした事で、2か月間のダイエットは完了しました。

現在は断食せず、「PFCバランス」(Protein／タンパク質、Fat／脂質、Carbohydrate／炭水化物)を守った健康的な食事を取っています。

むしろ夜は〝秒速でリバウンド〟しそうな食事も取っています。ですが、朝・昼はあまり食事を取らず、今も運動や筋トレを続けて野菜からゆっくり食べるという順序を守っているため、過去最低水準の体重を維持する事ができています。

今振り返って思うのが、あの時に断食して本当に良かった……という事です。

もし、自分の中の「断食して一気に体重を落とすべきだ」という信念を捨て、周囲の人の声を聞いていたら、今頃ダイエットも筋トレも全てやめていたかもしれません。目的のためには人の意見は聞かない。そして、正しいセンターピンを見つける事ができたら、ストイックに突き進む――。〝自分の哲学〟は、ダイエットにも共通するものだという事が証明できたと思っています。

ダイエットをされる方は、自分で決めたのなら極端な方法でもいいから、とにかく結果を取りに行く事。絶対に自分の信念を貫く事をお勧めしたいと思います。ただしこれだけはあえて言っておきますが、正直私も相当にしんどかったです。心理的、金銭的余裕と環境が整っていなければ、意志を貫徹できていなかった可能性も高いです。私は仕事を捨て、家族を捨て、友を捨て、全てを断っていたからこそできた事です。

断食は過度の飢餓感を伴うため、万一我慢の限界を超えて逆に過食に走った場合、取り返しのつかないリバウンドや摂食障害になっていく事すらあります。完全に諸刃の剣です。やるなら徹底的に痩せるまでやるしかないと思っていますし、断食は始めたが最後、逃げる場所はないのです。

また、断食の終盤では回復食にも気を付ける必要があります。当たり障りのない事を言えば、医師の指示に従って下さいとなります。ただ、最短・最速には常に犠牲や一定のリスクは付き物です。それを超えてこそのブチ抜いた結果でもあると思います。

Check Point

- ☑不健康だからデブなのだ。デブを1秒でも早く脱却すべく、健康的に痩せる事など考えるな。
- ☑太った状態でリバウンドを心配するのは、稼いでないのに税金の心配をするのと同じ。
- ☑タンパク質すら脂肪に変わる。低糖質だけでは短期間の激痩せには限界があるからこそ、最短で結果を得るために選んだ「断食」。
- ☑極端な方法でもいい。自分が信じられる方法をやり抜いてみよう。

ルール 26

ビジネスもダイエットも毎日が真剣勝負。

一日一日を全力でやる。その積み重ねが大きな結果に繋がる。

毎日の体重を記録し、変化した原因と結果を考察

ダイエット中、私が習慣にしていたのは、毎日自分の体重や体脂肪率を動画で記録し、SNSに公開するというものです。

そして、一日ずつ「今日はこれが良くなかったのかもしれない」「今日は良い調子だったが、これはきっと断食のおかげだ」などと、分析を繰り返すという事です。

すると、それを見た多くの人から、

「与沢さんはなぜ1日の体重に一喜一憂しているのですか？　ダイエットには浮き沈みがつきものだから、2か月後の結果で判断すれば良いじゃないですか」

「1日の体重は体内の水分量でも変わるから、あまり気にしても仕方がないのでは？　そんなのを気にするなんて、ダイエットの素人ですね」

などという意見を多数いただきました。

でも、果たしてそうでしょうか？　本当に1日単位でのダイエットは意味がないのでしょうか？

私が尊敬するファーストリテイリングの柳井正会長兼社長の言葉で強烈に印象に残っているのが、「小売業は一日一日が死活問題。毎日、最大の売り上げを更新しても、次の日はまたゼロから始まる」というもの。

ビジネスでは1日の利益を把握し、それを最大化して積み上げていかないと通年の利益を伸ばす事はできません。

だからこそ、ダイエットにおいても「最短・最速で結果を出すならば、毎日の体重が前日比で確実に下がっていかない限り、決して良い結果は出ないだろう」と考え、1日の目標は毎日最低でも0・5kg減らし続ける事に設定しました。

1か月で15kg痩せる事ができれば、2か月で30kg落とす事ができる。結果はそこまで痩せる事はできませんでしたが、1日0・3kgペースでは落ちていきました。より高い目標値があったからこそだと思っています。

もしも増えた場合は、自分に何かしらの責任を取らせる。例えば、増えた日はプロテインドリンクすら1杯減らし、300kcalを150kcalにした事もあります。そんな覚悟があったからこそ、毎日の体重を全部記録し、体重の変化についての原因分析と結果をSNSに公開していたのです。

健康な痩せ方の例として、「1年に3～5kgくらいのペースで落としていくのが理想的」などとよく言われますが、正直なところ、太っている人間がこんなスローペースでは減量する意味がないと思っています。

まず、「1年に3～5kg」というペースでは、減量効果を判断するのが非常に困難です。

期間が1年間と長過ぎるために、健康上の問題なのか脂肪や水分の問題なのか、何が原因で痩せたのかがわかりにくいのです。また、3kgという微妙な数字だと、筋肉量がちょっと増減すれば、そのくらいの誤差は発生します。

来る日も来る日も全力。その積み重ねが大きな結果に繋がる

繰り返しになりますが、皆さんにぜひ覚えておいて欲しいのが、「どんな目標も長期計画であればあるほど数字への執着心が薄れる」という事です。

例えば1年後に10kg痩せようと思うと、デッドラインまでに余裕があり過ぎてついつい自分を甘やかすという事。逆に期限が近いと、甘えたら未達が確定する可能性が高いので緊張感を持って最後まで挑む事ができるのです。

ただし、長期計画が適している事もあります。例えば、複利を活用して莫大な資産を構築しようという時などは、焦らず、短期的な数字に拘り過ぎず、ゆっくりと着実に続ける方が大切です。

一方でダイエットのように、短期的に結果を出した方がその後も成功しやすいというテーマもあるのです。受験や資格のための勉強も短期間に集中してやるべきだと考えていますし、前述した通り、ビジネスも初動が大切だと思っています。

つまり物事次第ではあるのですが、自分がやろうとしているテーマは短期集中に適するものかどうかをよく考えて下さい。適していると思うならば一気にやるべきです。

企業であれば決算が四半期に一度出てくるから、経営の動向がよくわかるわけですが、それと同じタームで考えるならば、３か月くらいで見違えるようなダイエットをするべきだと思います。３か月で結果を出すという今流行りのトレーニングジムは、まさにその考えには則っています。

ダイエットにしろビジネスにしろ、まずは直近の事に命を賭けるべきです。そこに疑問を持っても意味がありません。今日正しく振る舞える人は明日も概ね正しい１日となり、それがまとまると大きな結果となるのが人生です。

最短・最速というのは、あくまで毎日の結果に全力でコミットして、それを65日間続けただけ。でも、その積み重ねが大きな結果を生む事に繋がる。

実際、私自身がダイエットをしていた2か月間を振り返ると、来る日も来る日も全力でやっていて、気が付いたら2か月くらい経っていたという感覚です。

毎日が本気ならば、確実に成果は出ます。緊張感と期限がないゲームは、誰もが本気になれず、勝てません。だからこそ、毎日0・5kg減らすためには、どんな方法があるのかを考える事に全力を尽くす。それが無理であったとしても、考えて試してみる事に価値がある。結果を見てはまた試す。その繰り返しの中で、より本質に近づいていくというものです。

ダイエットがビジネスよりも結果が出やすい理由は、最終的には自分以外の何者にも干渉されないという点です。敵は自分だけ。ビジネスや投資は他者との関係の中で成立しますが、ダイエットは完全に自己完結できます。

自分が唯一やればいい事は、「やめない事」だけ。続ける事さえできれば、最終的には絶対に勝てるわかりやすい勝負なのです。

仮に停滞しようが、食事制限して運動もしていれば、結果は必ず１００％ついてきます。そう思うだけで、楽になってきませんか？

Check Point

☑毎日の小さな積み重ねが、大きな結果に繋がる。
☑初動で手を抜くな。
☑緊張感のないゲームは誰も本気になれない。減量には期限を設定しよう。
☑毎日、自分の体重に起こった変化の「原因と結果」をひたすら考え続けよう。すると、自分の体の特徴がわかってくる。
☑続ける事さえできれば、減量は確実に成功できるイージーなゲーム。

ルール 27

むやみに俗説は信じるな。
専門家のアドバイスにも惑わされるな。
複雑なものは
排除し、自分にとって
最善のシンプルな方法を探せ。

専門家のアドバイスでも理に適っていないものは排除した

何事にも我流を貫き、オリジナルの文脈に変えてしまう私ですが、ダイエットは生命にも関わる事なので、なるべく多くの専門家の意見も聞くようには心掛けていました。

その中の一つが、ダイエットを始めた当初、バンコク病院に勤めるスポーツ科学を研究する医師からの言葉。彼からダイエットの鉄則としてアドバイスされたのが、次のような事でした。

①月に４kg以上痩せてはいけない
②筋トレは週３回が上限
③炭水化物は抑えるが少量は必ず摂る
④高タンパク質の食事を続ける
⑤有酸素運動を週に３００分以上やる
⑥体重は気にせず、体脂肪率を下げ筋肉量を増やす

医師からのアドバイスによって④の「高タンパク質の食事」は取り入れたものの、それ以外は結果的にほぼ全て無視しました。

私は、専門家の言葉であろうと、自分が理に適っていると思わないものは、容赦なく排除します。世の中には、医師や専門家が提案している健康法やダイエット法が溢れていますが、正直、その全てに信憑性があるわけではないと思います。

例えば、減量に関して多くの人が信用している「体重を1kg落とすのに7000kcalの消費が必要だ」という法則。これについても今回のダイエットを通じて、個人的には「これは嘘なんじゃないか?」と思いました。

理由は、基礎代謝、運動量合わせても7000kcal消費していないのに、何kgも体重が落ちた事実があるからです。

例えば、3日間連続で1kg↓0・6kg↓1kgと体重が落ちた事がありました。その理論でいけば、2・6kg体重を落とすには1万8200kcalは消費しないといけないはずです。しかし、私が消費したのはせいぜい6000kcalだったと思います。

逆に、6000kcalを消費し断食もしたのに、体重はほぼ変わらないという事態が何回もありました。つまり、私個人のケースでは、「1kg落とすのに7000kcalの消費が必要である」という話は、嘘だったと思わざるを得ません。

世の中で通説とされているものには、実はまやかしも多いものです。

だったら自分で試してみる方がいいし、人によってその方法が合う合わないがある。だからこそ、通説に惑わされてはいけないと、とことん思います。

不思議な事に、結果を出していない素人、特にツイッターでは匿名アイコンで自分の身元がわからない人ほど、私にいちいち口を出す傾向がありました。

実績を出していない人ほど他人の事情に首を突っ込みたがるし、何事に対しても否定から入るか、上から目線でアドバイスをしてくる。これは非常に大きな学びになりました。

自分にとって合わない俗説も多かった

今回のダイエットを通して、実にたくさんの方法論を試してみました。自分で実践してみると、「こういう俗説は嘘が多いんだな」「人の体質によって合う合わないがあるんだろう」という事がよくわかりました。
私自身が実践してみてどうだったのか。その結果を一覧にしてみたいと思います。

①1日1食は痩せやすいと言われるが、その1食にドカ食いするのはNG

「1日1食にして、好きなもの（ただし、高タンパク・低糖質）を食べる」というダイエット法は、私は失敗しました。高タンパクなものを「1日1回食べながら痩せる」といっても、仮に炭水化物がなくても一度にドカッと食べるのでは意味がありませんでした。例えば火鍋で肉や野菜のみを1日1食だけ食べるという事を何度か試しましたが、体重は見事に反発し長い停滞に繋がりました。

もし1日の摂取量が同じだとするならば、量を分割して少量ずつそれら野菜や肉を時間をずらして朝、昼、夜と3回、4回と分けて食べる方がまだ痩せやすいと個人的には思った次第です。

とにかく急にドカッと食べるのは良くないのです。ただし、1日1食のその1食が少量であれば痩せていきます。

また、調味料にしても、オイリーなドレッシングやマヨネーズなどは通説通り停滞の原因になると思いました。それがなくても美味しくいただけるなら食材の味を活かしたまま食べたり、塩コショウを少量などシンプルな味付けの方が良いです。ダイエット食であっても不思議と美味しく感じてくるので、要は慣れです。

②糖質制限だけでは痩せない

糖質制限は血糖値をコントロールするうえではとても効果的だったと思いますが、タンパク質も脂肪に変わります。糖質カットだけでは急激に痩せる事の限界を感じました。

徹底的に１日１５０kcal程度に摂取カロリーを抑えた期間もありましたが、それですら体重に変化がない期間もあったのです。王道の糖質制限ですが、決して無敵ではなかったようです。

それを打破するために、私は食事を制限したまま運動に一層力を入れる事で解決しました。食べずに鬼動くというのはここから来ています。

③「夜に食べなければ痩せる」は嘘

「夜に食べなければ痩せる」という通説も、私には当てはまりませんでした。

夜は一度も食べませんでしたが、やはり体重は停滞しました。時間帯が大切なのはわかりますが、そこまで絶大なる威力は期待できないかもしれません。もちろん長期間やるなら、夜食べない方法は確実に痩せていくと思います。ただ、私のように短期で急激に痩せたい場合は、夜どころか朝も昼も食べない事でしか痩せなかったのです。

④水をたくさん飲んでも痩せない

「水を大量に飲む」というダイエットも実践してみましたが、私の場合は体に合いませんでした。3ℓ以上飲んだものの、お腹を壊してしまったので、単純に飲み過ぎるのも良くないのだなと思いました。飲みたくもないのに死ぬほど積極的に水を飲む意味はないと私は思いました。飲みたい時にしっかり必要な分を飲めば良いのだと思います。

⑤断食にも弊害はある

私が断食で成果を出したため、「断食すれば痩せる」と思う人も多いかもしれません。

断食は確かに体重は減りますが、一方で弊害もあります。

問題は、筋肉量まで同時に減っていき、代謝が落ちて痩せにくい体になるという事です。筋肉だけ減って、以前と同じ量を食べたら余計に太るかもしれません。

私も体重と共に筋肉がどんどん減っていきました。ですが、筋肉が落ちると同時に、脂肪はそれ以上に多く落ちていきます。だからこそ、体脂肪率も下げられたわけです。体重計のデータではありますが、例えば1kg体重が落ちると、そのうちの0・3kgは筋肉が落ちていた、という具合です。

断食で痩せた後は、今度は適切な食事を取って筋肉量を増加に転じるという方法を私は取っていて、今がその段階です。

また、断食をした事で私はお腹が減り過ぎて眠れないという形で当初睡眠不足になりましたし、逆に最後の方は、いつも眠くて仕方ありませんでした。今思うに、体が本当にやばいと思うと、眠らせてエネルギーを使わせないようにしていたのかと思います。

さらに本書で書くのが適切かわかりませんが、性欲が低下します。私は男性であるわけですが、勃起はするのですが射精が全くできなくなりました。この時に、精子というのは体に摂取した栄養を元に作られていたのだなとつくづく思ったわけです。プロテインは飲んでいたのに精子が全く出ないという事は、よく言われる精子はタンパク質からできているという通説も嘘かと思ったりしました。

私は自分を使って人体実験をしたような形ですが、やってみてこそ本当のリアルがわかります。

もう一度言いますが、断食は危険なものです。それがストレスとなって反動でドカ食いしたら、逆に一気に太ります。全く食べない→鬼食べる→全く食べない→鬼食べるを繰り返すと体が馬鹿になり、痩せないうえ、鬼食べた時に体が次の飢餓に備え、入ってきた栄養をここぞとばかりに脂肪として蓄えてしまいます。つまり断食とは、諸刃の剣です。

やるなら一定期間徹底的に食べない事が必要で、断食の終了時期も見定めて、終了前は緩やかにスープやお粥など、消化が簡単にできるものを少量ずつ1週間くらいかけて徐々に量を増やしながら、通常の食事に戻す必要があります。

断食は生命への危険を伴う事もあり、かつ失敗すればさらに太るというリスクすら内在していますので、やり切る不退転の覚悟ができた人だけがやるべきです。

私は筋トレも同時並行していたので筋肉が増える事はなくても、維持はできているだろうと思っていたのに、減量前には挙げられたバーベルの重量が、断食最終フェーズの頃には挙げられませんでした。それが筋肉の減少のせいなのか、エネルギーや栄養の問題なのかはわかりませんが、明らかに力がなくなっていたのです。

今後はボディメイクをきちんと取り入れていきたいので、栄養を取り入れた筋肉作りを意識しています。

余談ですが、今回のダイエットで一番やって良かったと感じたのは筋トレです。筋トレをすればするほど体が顕著に変化するため、減量中のモチベーションにもなりました。

⑥体組成はそこまで信用しなくてよい

近年のダイエットでは、体重自体よりも体脂肪率や筋肉量などといった「体組成」

を重視する風潮があります。でも、体重計が弾き出す細かい数字にそこまで一喜一憂するのは意味がないと、私は今回のダイエットで悟りました。

まず、私が使っていた体重計は日本の有名メーカー製のものでしたが、体脂肪率や筋肉量などのデータが全く信頼できなかったからです。1分後の測定や、衣服の有無、食前食後や朝か夜かでも数値が大きく変わります。信頼できない数値を指標にすると、ぬか喜びや油断、甘え、間違った方法への誤信にも繋がります。

また、指標がいくつもあると「こちらの数値は悪いけれども、こちらの数値が良いからOK」と都合の良いデータで自分を甘やかしたり、正当化してしまいます。

ちなみに、体重の数値はどの体重計でもほぼ同じでした。そこで、私は、客観的な体重の減少のみを正義でありルールとしたのです。

繰り返しになりますが、これらはあくまで私個人の感想です。ただ、まことしやかな理論が本当に多いと感じました。

ダイエットに挑むなら、何事も鵜呑みにしてはいけないという事です。ダイエットにおいて、体重だけは嘘をつけません。どれで量っても客観的で、常に同じです。

もちろん最終的には見た目でしょうが、見た目とは曖昧過ぎます。見た目が良くなったなどというのは完全な主観。短期集中なら、やはり客観性のある体重を落としていくのが正しいのです。

Check Point

- ☑まことしやかな理論は信じるな。自分が試してから判断しよう。
- ☑糖質制限だけでは急激には痩せない。やはり筋トレが必要。
- ☑断食もただ「食べないだけ」では痩せるに限界がある。有酸素運動と併用しよう。
- ☑実績を出していない人ほど、否定から入る。他人の声は無視しよう。
- ☑他人に口を出すのはやめて、自分の人生を生きよう。
- ☑体重だけは嘘をつかない。当初は体重を見ていくのが正しい。

ルール28

減量の本質は、生活習慣の革命。

習慣次第で
人は富豪にも廃人にもなれる。

減量で大切なのは、根本から自分の習慣を変える事

ダイエットにおける最大の敵、それは日々の習慣だと思います。

「最短・最速で痩せたいならば、脂肪吸引を利用すればいい」

そう言われた事もありますが、私はこの考えに真っ向から反対します。

確かに最短・最速だけを重視するならば、脂肪吸引などは手っ取り早い手段のように思えます。でも、私は絶対にやりません。

なぜなら、それは「他者依存」であり、楽して痩せたいという思考の結果だからです。

まず、脂肪吸引は簡単に痩せるための手段のように思われていますが、調べてみると、手術費用の高さもさる事ながら、数回の検査があったり、手術前には様々な制約が設けられていて、手術後の痛みや長期に渡るケア、さらには手術痕が残ったりとデメリットも多いのです。

３か月以上の手間がかかることもあるようで、そんな面倒くさい事をコストをかけて通り抜けるくらいならば、自分でダイエットした方が早くて簡単なんじゃないのか

と思うほどです。

さらに言えば、脂肪吸引の最大のデメリットは、継続ができないという点です。人がデブになるのは、何らかの理由があります。食生活なのか、運動不足なのか、睡眠不足なのか、いろいろな理由があるでしょう。

でも、脂肪吸引に頼るというのは、これらの理由を全て無視する事に他ならず、肥満である根本的原因の解決になっていません。だから、仮に外科手術に頼って痩せたとしても、また同じ生活を続けて以前と同じ体型に戻ってしまう可能性も高く、それでは元の木阿弥、自分の体を傷つけただけになります。

また、他力本願で痩せたとしても、次に痩せたいと思った時にも再び他人の手を借りなければならない。そんなものに意味はありません。他者依存思考はお金の稼ぎ方にも反映され、再現や継続ができず、マイナスしかないのです。

減量で大切なのは、自分にとって最適の運動習慣と食事習慣を体に叩き込んで、自分の習慣を変える事です。

私自身も、毎朝歯を磨いたり顔を洗うのと同じように、食事管理や運動の習慣が無意識にできるようになるまで、何年でも体に叩き込もうと思っています。

減量の本質は、生活習慣の革命。これに尽きると思っています。例えばお金の習慣次第で、人は大富豪にもなれるし、廃人にもなれるのと全く同じです。

ダイエットでもお金稼ぎでも一点集中する

さて、ここまでダイエットに関して私が実践してきた成功法則をお伝えしてきました。最後にお伝えしたいのは、私は決してデブを否定しているわけではないという事です。

ダイエットや減量、ボディメイクよりも、今、目の前にやらなければならない事があり、そちらを優先しているのであれば、デブの状態でいるのは全く問題ありません。それは、意図的に自分の健康よりも大切な何かを取りにいっているわけですから。他で結果を出しているなら、それはそれでありだと思います。

全ての事をバランス良くやろうとすると、どれも中途半端になります。

中途半端に「ダイエットもしたいし、お金も稼ぎたい」と思うのではなくて、お金を稼ぐなら体重なんて気にせず、とにかく一点集中してお金を稼ぐ。

そして、お金を積み上げた後、余裕ができたらダイエットをすればいいと思います。一つの事を真剣にやっていくと、必ず何か結果が出るし、その結果が次の結果に繋がっていきます。そして、全てが繋がる日が来るはずです。しかしお金も稼がず、ただデブであるというのはさすがに厳しいかと思います。デブも正当化できるくらい、他の一芸に秀でてこそバランスが取れるというもの。ただ何事にも怠惰なのとは違います。

デブが痩せたら最強の存在になる

そもそもデブであるのは、一種の〝才能〟だと思います。なぜなら、鈍感な人間でないと、太らないからです。

私は太っていても、何の気兼ねもなく人前に出ていましたし、テレビにも出ていましたし、デートして女の子を口説いていました。本を出版すれば、私の写真がデカデカと入った広告を東京中の電車に貼りまくりました。

つまり、デブである事が恥ずかしくなかったのです。むしろ、人に自分の事を覚えてもらうための〝トレードマーク〟であるとすら思っていました。

太る人は、少数派であり、マイナーであり、常識を吹っ飛ばせる強さを持っている人でもあります。その鈍感さ、言葉を換えれば「肝が据わっている」「厚顔無恥さ」は武器になります。

でも、多くの人はデブである自分を恥ずかしがります。中には「自分の醜い容姿を見ると吐き気がする」というほど美意識の高い人もいるそうです。しかし、体型が醜かろうと何だろうと、それで人前に出られないとか自分を恥ずかしいと思うのは、ある意味メンタルが弱いし、繊細なのだと思います。


仮に美味しいものがあっても、普通の人は「太るのが嫌だから我慢する」わけです。でも、デブの人はそんな常識を振り切っていて欲求にとことん忠実にバクバク食べるし、あまつさえそれにマヨネーズまで大量にかけてカロリーを増量してしまうわけです。この思い切りの良さは、やはり〝才能〟だと思います。

例えば、インスタグラムのフォロワーが日本一である渡辺直美さんはどうでしょうか。

デブだけど明るくて、人前に出る事を全く恥じらっていません。ほとんどの痩せている人は、メンタルの強さでは渡辺直美さんには敵わないでしょう。痩せないと人前に出られないというほどの小心者だと、何をやっても成功しません。

一番大切なのは、どこに自分の信念を置くかです。

もしもあなたが自分の体に対してコンプレックスを抱いていて、恥じらいを感じ、自分の行動に制限を設けているのであれば、ダイエットを考えてもいいのではないでしょうか。

デブの人が痩せる事ができれば、もともと健康だった人よりもはるかに強くなると思います。これまでは「脂肪」というハンデを負っていた人間が、体を絞る事でより強さを得るわけですから。考え方や覚悟も変わってきます。また、痩せている事の有り難みを元から細い人に比べて強く感じる事ができる。

デブは一種の〝才能〟であり、痩せた人よりも既にメンタル的には優れた存在だと言えるでしょう。デブを恥じる事はないのです。

さらに言えば、一度でも太っていた人が痩せる事に成功すれば、豪胆さに自信が加わり、最強の存在になれます。デブでも活躍してきた人なら、痩せてさらに活躍できるに違いないでしょう。また、実はデブの方が筋肉量も多いものです。常にウエイトを背負って生きてきたからです。そんな好材料を使わない手はありません。痩せれば周囲から注目を集められるわけですし、デブほど便利な立場はなかなかないです。

Check Point

☑脂肪吸引など、自力で継続ができない手段は意味がない。
☑減量後の事も視野に入れ、運動と食事の習慣を徹底的に体に叩き込もう。
☑誰よりも長く続ける事。それだけで、途中でやめた人より優位性が生まれる。
☑太っているのを恥じる必要はない。デブでも前に出ろ。しかし、もしコンプレックスで自信が持てないならば、ダイエットを考えてもいい。
☑デブが痩せた時、最強の存在になる。

第5章　情報収集の法則

情報収集も3週間。「一人突っ込み」を繰り返し、センターピンを掴まえろ！

社会において「頭が良い」とは何か。
それは、「物事の本質を捉える事」が
できるかどうか、だと思う。
そのために必要なのが
「一人突っ込み」を繰り返し、
「センターピン」を的確に捉える事。
そして、情報収集・分析をする際も、
「3週間」を目安にして欲しい。

ルール 29

センターピンを掴むための
情報収集・分析は3週間。

まずは全体を把握すべく、「登場人物」を押さえろ。

３週間の情報収集・分析・検証でセンターピンを見つける

最短・最速でブチ抜く方法には、「センターピンを捉える」（物事の本質を捉える）事が不可欠です。

では、どうしたら自分が「これぞ」と思えるセンターピンを捉える事ができるのでしょうか。あくまで我流ではありますが、この章では、私が何か新しい事に取り組む前に実践している「センターピンの捉え方」について、簡単にご紹介していきたいと思います。

私が何かに興味を持った場合、まずは思いついた内容ですぐに「行動」します。

ダイエット開始を決めた時は、その日のうちにトレーナーに連絡して筋トレの日程を決めましたし、テレビがきっかけで海外不動産投資に関心を持った時も、その日のうちには不動産業者に問い合わせメールを送りました。

過去を振り返ってみると、まだ全体像や実態がわかっていなくても、その業界に関わる人にすぐにコンタクトを取って、見切り発車的に走り出しているパターンが多いです。

ただし、それと同時に必ず行っていくのが「リサーチ」です。とはいっても、漫然と本を読んだりネットを見たりしてリサーチをするわけではありません。それは時間の無駄になります。

一番効果があるのは、「3週間」というリサーチ期間を設けて、1週間ごとにリサーチレベルを3段階に分けていくというものです。1週間ずつ3つのステップで、徹底的に自分の中にそのテーマに関連する知識を蓄えていくのです。

この3週間はひたすらそれだけに集中して、ストイックにやり切ります。1日1時間や2時間といった短い時間ではなく、寝る時間以外はほとんど調査につぎ込むくらいの気合いがあれば非常に上手く高速で物事を立ち上げる事ができます。

ちなみに、私が仮想通貨をゼロから勉強した時は、1日19時間近くずっと勉強し続けていました。

なぜ「3週間」なのかというと、これは私の感覚的なものではあるのですが、一つの事を集中してやり抜くには、3週間というのが長過ぎず短過ぎず、ちょうどいい期間だからです。

新しい事を始める前に、数か月から年単位で勉強をする人もいますが、時が経つと情報自体も古びていくので、個人的には3週間という短期間で重点的にインプットするのがお勧めです。

また、あくまで私個人の経験則ではありますが、一度何かを3週間でやり抜くと、その間に経験値が爆発的に高まっていき、どんどん効率化が進みます。3週間を過ぎる頃には、何も知らなかった時の何倍、何十倍もの効率で、飛躍的に高い結果が得られるようになっていくのです。

既にご紹介した通り、リーダーシップ論の世界的権威であるロビン・シャーマによれば、人間は何らかの行為を3週間続ける事ができれば、3週間後には無意識にその行為を「習慣」として続ける事ができるそうです。

1週目「全体像を把握する」

では、その3週間はどういった手順でインプットを進めていくのか。

まず1週目の課題は、「全体像を把握する」という事。

この手法を私が取り入れるようになったのは、大学受験前に勉強法のバイブルとして何度も読み込んだ、野口悠紀雄さんの『「超」勉強法』（講談社）です。

同書には、全体を俯瞰する「鳥の目」とミクロの視点で物事を分析する「虫の目」という言葉が出てきましたが、私自身も最初に新しい知識をインプットする際は「鳥の目」を重視しています。

全体像やそのテーマに関わる一般法則や王道のルールをまずは知っておくと、細かい議論がより深く理解できて本質探しが短時間で成功するためです。

全体像を把握するために私がよく使う手法は、「そのテーマにはどんな登場プレイヤーがいるのか」をリサーチするというものです。

例として、私が株に投資する場合を考えてみましょう。

せっかく投資するのであれば、株価の上がる会社に投資したい。だから、「株価が上がる会社の特徴」を知りたいと思っていますが、最初から適当に見つけた会社に投資することはあり得ません。

まずは投資できる上場会社とは全部で何社あり、証券市場はいくつあるのか、それぞれどれだけの数の業種があるのか、株主総会、取締役会、証券会社、監査法人などよく見る名前のこれらの機関は一体何なのか、などをリサーチしていきます。

このように登場人物を把握していくと、次第に「人気になって株価が上がりやすい業種のテーマ」「知名度のある上場会社の社長」「著名個人投資家の名前」など、少しずつその業界の細かい特徴が見えてきて、頭の中に勢力図が浮かんでくると思います。

実際、私が仮想通貨をゼロから勉強した時も、この手法を用いました。

まず仮想通貨の世界にはビットコイン、イーサリアム、リップルという時価総額が大きい御三家のコインがある事。ビットコインからビットコインキャッシュが生まれたように、時々コインから別のコインが分離（ハードフォーク）する事があるなど、1週目はひたすら登場人物やそれに紐付く相関関係、勢力図などを頭の中に叩き込みました。

この1週目で学ぶ知識量の目安は、その業界の人なら知っていて当たり前の情報を知るという事。業界に属する人ならば、誰もが知っているレベルの知識を叩き込みましょう。

2週目「推論を立てる」

2週目からは、集めたデータを基に「自分の推論」を立てていきます。

まずはその業界でトップの存在を中心に、それぞれの登場人物の強みや弱み、特徴を分析していきましょう。

株式投資で例えるなら、まずは時価総額上位の会社に注目し、「なぜこの会社は強いのか」というテーマに対して、「規模が大きいから」「歴史が長いから」「利益率が高いから」など、他の会社との差別化ポイントを探します。

さらに、「この会社がもっと強くなるためには何が必要なのか」「今足りない部分や弱みは何なのか」なども検討します。

2週目の終盤には、解析を通じて「今後は他のどの会社が伸びてくるか」「来年トップを取るのはどの会社なのか」を予測していくのです。

この2週目の作業はすごく重要です。なぜなら、この時の予測は今後の戦略を立てていくうえでの基盤になるため、解釈次第で結果は大きく変わってしまうからです。

3週目「センターピンを設定する」

そして、3週目。ここがいよいよセンターピンの決断の時です。この2週間に培ってきた知識を基に、自分がセンターピンとして設定するべきは何かを考えましょう。

仮に、強い会社のセンターピンは「手掛ける事業ドメインが世界の潮流に合っていて、それを着実に形にできる実行力のある社長がいる事」と設定したとします。そして、そのセンターピンに基づいて、どの会社がいいのかを検討します。

最終的には「自分はAという会社が注目されていくと思う。なぜなら……」と自分の決断に対して、論理的にきちんと人に説明できるレベルかどうかを確認しましょう。

また、自分の仮説に誤りや矛盾がないかを、ひたすら自問自答しましょう。

センターピンを誤解するのはよくあるので、もし途中で間違っていると感じたらまた1週目に戻って新たな情報収集からやり直して別の仮説を立て、自問自答をやり直せばいいのです。的確なセンターピンを見つけるまで何度でも考え直しますし何度でも情報を集め直します。

人生で何か新しい挑戦を始める度に、この3週間のリサーチをやっていくと、次第にセンターピンの掴み方のコツがわかってくるはずです。ぜひ実践してみて下さい。

Check Point

- ☑センターピンを掴まえる時は、3週間単位で、みっちりリサーチしよう。
- ☑まずはプレイヤーを知り、「全体像」を把握しよう。
- ☑集めたデータを基に、自分の中で推論や仮説を立てよう。
- ☑センターピンを決定しても矛盾や誤解を察知すれば、再度、自問自答に戻る事。

ルール30

「一人突っ込み」を繰り返し、

自説への反論・悪口・対抗記事を論破せよ。

反論に対して論理的な説明や論破できるかを試す

3週目のセンターピンを確定し、いざ実行に移す前にやらなければいけないのが「一人突っ込み」です。

これは、自分の決断に対する反証データをひたすら探し、その反証データを自分が論破できるかどうかを自問自答するというもの。反論を探す場は、テレビでも雑誌でも新聞でもネットでも何でも構いません。

頭の良い人ほどセンターピン「らしきもの」を簡単に見つけてしまいます。しかし、それが正解となる「本質」とは限りません。普通はてんでおかしなセンターピンを設定することもままあります。そこで、何度も何度も「この仮説は本当に正しいのか?」と検証しなければいけません。

ここでまた、株式投資に置き換えて考えてみましょう。

仮に「今年2倍になる銘柄を予想する」というお題に対し、「Aという会社が株価2倍になるであろう」という仮説を立てたとします。

そんなあなたの説とは逆に、「Aという会社は良くない」という論理を展開する記事を探しましょう。

雑誌やネット記事で「Aという会社は赤字でこのままいけばあと数年で潰れる。それよりも同業のBという会社の方が財務基盤が強くて良い」という対抗記事を見つけたとします。

それに対して、「いや、A社は確かに通年では赤字だけど、四半期推移を見ていると赤字幅が急激に縮小してきていて、このままのペースで市場シェアを拡大していけば早くて次の四半期には黒字化しているであろう」「仮にしばらくの赤字が続いても借入が現時点でないため新規借入によって財務を安定させることも可能」などと、自分の中でその悪口を論破できるかを試して欲しいのです。

もしその時点で反論できないようであれば、自分がまだ調べ尽くしていない事実があるという事です。その場合は対抗記事を潰せるまで、自分の論理に確信を持つための情報を探しましょう。

もし論破できる確たる根拠が見つからなければ、あなたのセンターピンは間違っている可能性があるので、いま一度、決断を見直して下さい。

ベンチャーキャピタルからの出資時に身に付けた「一人突っ込み」

自説にひたすら反証を繰り返す「一人突っ込み」の手法は、ベンチャーキャピタルから資金調達する直前に実施される「投資委員会」を参考にして考え出したものです。投資委員会とは、ベンチャーキャピタルの役員などから寄せられる、そのベンチャー企業に関する懸念点や問題点などに対して、ベンチャー企業の現場担当者（キャピタリスト）が回答しプレゼンしていく場です（VCによってその様式は様々ですが）。

出資するベンチャーキャピタル役員側としては当然利益になるかを見極めたいので、成長の見込みのない企業には投資をしたくありません。そこで、投資委員会では自分達のリスクを減らすため、「このビジネスモデルは本当に機能するのか?」「こういうトラブルが生じた時、本当にこの会社は持ちこたえる事ができるのか?」など、出資後に想定できる全てのリスクに対して質問を投げ掛けてきます。

その問いに対して現場担当者やベンチャー社長が反論できなければ、「まだ不安要素が大きく見えないリスクがある」として出資は見送りになります。

私自身、アパレル企業経営時代にベンチャーキャピタルから出資してもらうために、この投資委員会や部長・役員面談等を経験しました。そして、ベンチャーキャピタルの担当者と一緒に、投資委員会で予想される突っ込みに対する反論を徹夜して練り上げた経験もあります。

投資委員会や部長・役員面談で遭遇する質問は辛口なものが多いので、相手に違和感を感じさせずにスマートに論破できるように、自分の中でのロジックをきっちり固めておく必要があります。

この「一人突っ込み」とは、投資委員会や面談で想定される質問のやり取りを、自分一人の脳内で実践していくイメージです。

仮想通貨リップルに投資して14億円の確定利益を得たのも、この「一人突っ込み」の賜物だったと思います。

リップルを叩く記事をひたすら探し、それを論破するだけでなく、ライブ配信で

「リップルを支持する理由」を述べ、その場で寄せられた批判に対してもどんどん反論していきました。

結果的に全ての悪口に対抗できたので、「自分の思考プロセスは間違っていないであろう、もしこれで失敗しても後悔なし」と確信し、安心してリップルへの投資ができました。

結局のところ、自分の意思決定に自信を持っているかどうかというのが、その後の結果を大きく左右します。

なぜなら、自信と確信に満ちていればその後の短期的な値動きを気にせず悠然と構えている事もできますし、これがビジネスの場合であれば、自分が出した結論を自分の努力で正解に変えていく事すらできるからです。こと、ビジネスの場合、最初から正解があるのではなく、正解は自分達で作っていくものなのです。最後までやり抜くためにも自分の決断に自信が持てるまで調べて自己論理を完成させておきましょう。

人間というのは不思議なもので、多くの人は自分が「こうであって欲しい」と思うような情報ばかり見てしまいます。

リップルを買っている人は「リップルは今後、爆上げするに違いない」「リップルは今後、基軸通貨になるに違いない」などという、自分にとってポジティブな記事ばかり読んでしまうようなものです。

確かに、自分のセンターピンを脅かすような反論記事を読み続けるのはストレスかもしれませんが、あえてネガティブな情報を取り入れる事で、自分が考え忘れていた視点やすっかり抜け落ちていた知識や情報がインプットされるメリットもあります。

さらに、自分自身の思考スタイルもどんどん論理的になっていくし、良い意味で〝悲観的〟にもなれるし、次のテーマでセンターピンを探す際にも多面的な物事の考え方ができるようになります。

何より、偏った決断の下で盲目的に行動し、大々的に失敗するのを防ぐ事ができます。自分が投資するもののネガティブ面やリスクはしっかりと理解したうえで、それらマイナス点を越えていけると思うからこそ投資するわけです。

「一人突っ込み」は頭の筋トレだと思って、ぜひ実践してみて下さい。

Check Point

- ☑ネット や本、雑誌、テレビなど、あらゆるメディアで、自分の理論の反証データを探し、徹底的に論破しまくろう。
- ☑論破できない場合は、センターピンに誤解や理解不足がある可能性も。一度見直してみよう。
- ☑ネガティブな情報に触れる事は、自分が忘れていた視点に気付く絶好の機会。
- ☑多くの反論を論破する事によって、自分の中の論理性が高まっていき、「本質」を掴むのが上手くなっていく。

第5章　情報収集の法則

情報収集も3週間。「一人突っ込み」を繰り返し、センターピンを掴まえろ!

これからの世界で
起きる事を予測し、
逆算して
今から動こう！

第６章　未来予測の法則

最後に私から伝えたい事。
それは、「時代の流れ」を読む事と
ありのままの自分を大切にする事。
出る杭は打たれるが、
出過ぎた杭は打たれない。
この本を読み終わった瞬間から
自分の人生を「ブチ抜く」ための
行動を起こそう。

ルール
31

大きな「時代の潮流」を読み切れ。

時代の波に乗らないと
そこで成長は止まる。

これからも続く「個人の時代」

景気に左右されず、この社会の中で生き延びるには、世の中の動きに敏感に対応していく事だと思います。

どんなに景気が悪くても、時代の波さえ読み切る事ができれば、それに合わせて儲かる仕事やビジネスを生み出す事はできるのです。

何度も地獄の底を見た私が復活を繰り返し36歳になる現在まで生き延びてこられたのも、「大きな時代の流れを見定めて、その波に乗ってきた」からだと確信しています。

では今、我々はどんな大きな時代の流れにさらされているのでしょうか。

それは「個人の時代」だと思います。企業や国という大きな組織よりも、たった一人の個人の発言や活動、その動向に注目が益々集まる時代になるという事です。

２０１０年に「フリーエージェントスタイル」というインターネットの広告や情報事業などを行う会社を立ち上げたのも、時代の波を感じたからでした。今後の社会では個人が企業や組織から離れ、自分自身の力とインターネットを利用して人生を切り開いていくビジネスモデルが注目されるだろうと思ったからです。以来、「個人の時代」がずっと続き、今なおその領域を拡大させています。

インターネットの登場で、個人の影響力が爆発的に拡大していく。

これは何十年も前から考えられていた未来像ではありますが、今後はもっともっと大きな規模で、個人が世界を席巻していくはずです。

一例ですが、仮想通貨に投資をしている人のうち95％が100万円以下の資金で投資をしているそうです。

つまり、多くの投資が小口。現在の潮流としては、こうした小口の投資家が集まり、クジラになります。言い換えれば、以前なら取るに足らない存在として見過ごされていたイナゴが、集団心理を形成して世のトレンドを作ることもある時代だという事です。2017年の年末に起きた仮想通貨バブルも私はこれの一種だと思っています。

株取引の世界でも、昔であれば証券会社や大手メディアが推奨する銘柄がもてはやされていましたが、今や影響力のある一個人がツイッターで言及した銘柄の方が圧倒的にバズったりします。

このように、企業から個人へのパワーシフトが各所で起こっており、今後はもっと大きな規模で個人が影響力を持つ時代になると思います。

自分には関係がないと思考停止すれば窮地に陥る

私が今の状況を手にする事ができたのも、この波に素直に乗ったからです。ブログは2005年の大学生の頃から、そして動画配信は2010年から始めていました。

私の言う「大きな波」の種は、どこからでも見つける事ができるでしょう。

例えば日本国内に目を向けると、最も問題視されているトピックスの一つに「少子化」があります。

今後、人口減少によって間違いなく労働力は低下します。しかし、全てのビジネスがダメになるわけではなく、それに代わるロボット関係は重宝されるでしょうし、国内労働力が減っても、外国人を集められる会社が隆盛する可能性もあります。

もともと人口が少なかったドバイのように観光立国を目指し、外国人好みのサービスを提供すれば飛ぶように売れるかもしれません。また、英語で考え事をできるくらいの人の方が、ただの有名大学卒よりも重宝される光景が目に浮かびます。

つまり、変化に気付いた人は、いつの時代も儲けのチャンスを見出せるのです。一方で「自分には関係がない」と思考停止してしまうと、そこで窮地に陥り、死ぬしかなくなります。

今の社会にある様々な懸念事項に対し、仮にそれらが現実のものとなったら「自分の会社の売り上げはどうなるのか」「自分の給与はどうなるのか」などと一つひとつ疑問を設定し、それに回答していく形で丁寧に未来をシミュレーションし、備えを打っておく必要があります。

仮想通貨が決済として使われるようになった未来、自動運転が当たり前になった社会、民泊が常識となったその先、消費増税後の次の増税、少子高齢化社会が進んだ結果の社会保障費の負担はいかほどか、日本企業の国際競争力が低下した場合はどうなるか、外国人と共生する日本のあり方など、考える事は山ほどあると思います。

また例えば首都直下型地震が発生した後に何が起こるかを想像している日本人はど

れだけいるでしょうか。

もちろん地震などが起きれば各自が生命を守ることで精一杯になるわけですが、もし運良く生き延びることができた場合、あなたはまず何をするでしょうか？


私は今の日本にとって最大の脅威は、日本の借金問題でもなければアジアの政情不安でもないと思っています。都市集中が進む日本にあって首都直下型地震が来た時の日本経済へのダメージは長期間に渡り計り知れないと思っているのです。

地震というのは当然世界各地で今も起きているわけですが、いずれも地方都市で起きていることが多いです。

地震大国日本において、もし東京のようなビルの隣接する現代型の大都市でそれが起きた場合、世界に類を見ないほどの多数の悲しみが突如として生まれた後、日本は長い自粛ムードも相まって経済は完全に麻痺すると予測しています。

そういう事態が起きた時にあなたはただ国や国際社会からの救済を待つしかないのでしょうか、それとも、そういういざという事が起きた時に自分の給与は自分で賄う準備があるでしょうか。

自分の予測する未来の行く末によっては、自らの職種を変える必要が出てくる事すらあります。

もちろん多くの変化は自然災害などとは異なり、一日では起きないからこそ、誰もが軽視してしまいがちです。しかし、放置しておけば、危機的状況に陥るのは変化しなかったその人自身なのです。

潮流には誰も逆らえない。だからこそ、その波に乗り、自分の状況を向上できるようにその波を利用する方が賢いのです。

川の流れに逆らって泳いでも、流されてしまうか、よくて今の場所に留まる事しかできません。でも、川の流れに身を任せれば、自分の力だけでは行けなかったような遠い場所へ、いつの間にか辿り着けるものです。

自分の職業や仕事の分野などが、社会の抗えない流れ・トレンドに合致しているか、逆行していないかをいま一度考えてみて下さい。

そして、来るべき100%の未来、それはゆっくりと確実に来ています。

時代の波を察知し、その波に合わせて行動する意識を決して忘れないで下さい。

Check Point

☑時代の流れに敏感に対応しなければ生き残れないし、成長もできない。
☑企業から個人へのパワーシフトが起き、益々「個人が影響力を持つ時代」になっていく。
☑大きな変化は一日では起こらないからこそ軽視しがち。でも、その小さな変化を放置する人間は時代に取り残される。
☑一つ一つの懸念に対して考えを巡らせて備えておくことも大事。

ルール 32

クリエイティビティを発揮し、周囲から一目置かれる人間になれ。

これからの時代の「個人」に必要なものとは？

先日、関ジャニ∞の村上信五さんのラジオ番組に出る機会があったのですが、その際に村上さんから「尊敬する人は誰ですか？」との質問を受けました。

そこで、私は「村上さんのような人ですね」と答えました。

今は、個人の時代です。個人で投資家になったり、本を出したり、ＹｏｕＴｕｂｅｒになったり、インフルエンサーになったりと、個人で何でもできる時代です。

仮に経営者になりたければ、リーダーシップ論や経営論、組織論は大学やビジネススクールで学べるかもしれませんが、個性を活かして個人が活躍するという技術は、他人からは学べません。

これからの時代、個人に必要なのはクリエイティビティであって、誰かに学んだ時点で既に二番煎じになってしまうからです。

だから、ジャニーズのタレントとして全国的な知名度があり、影響力を持つ村上さんに対して、一つの結果として、純粋にすごいなと思ったのです。

ただ、これはタレントさんのように「人前に出る仕事」に限りません。たとえ会社員であってもクリエイティビティを発揮して、一定のコミュニティ内で影響力のある人間になる必要があります。

これからの社会では、既存の仕事や与えられた仕事を漫然と疑いもなくこなしているだけでは生き残れません。時代がどんどん移り変わり、個人のアイディアから新しいビジネスがたくさん生まれている現在、仕事のやり方もニーズもどんどん変わっていきます。

だからこそ、クリエイティブな要素がないと社内でも勝ち抜いていけないし、上司からも評価されないし、クライアントもつかないし、味方も増えません。

本当の「個人」としての人間的魅力が試される時です。だからこそ、「面白い人」になって欲しいのです。

これは別に「ネットで個人発信をして目立て」と言っているわけではありません。目立ちたいか目立ちたくないかは個人の個性なので、目立ちたい人は目立てばいい。目立ちたくない人ならば、目立たない形で特定コミュニティの中でクリエイティビティを発揮すれば良いだけです。

「こうでなければいけない」という形は、あえて持たない方が良いです。

その人の資質によって、クリエイティビティの方向性は変わるはずです。ただ、どんなコミュニティであれ、周囲の人から注目されたり一目置かれたりする必要があります。

会社員であれば、仮にあなたが独立しますと言った時、周囲の人から「お前が独立するなら顧客になってやるよ」「資金を融資してやるよ。その代わり、出世して倍にして返せ」と言われるくらいを目指しましょう。

クリエイティビティを発揮して、周囲から注目され続ける影響力のある人間になって下さい。そのためには脳ミソの筋トレが日頃から必要です。本書をここまで読んできた人ならもう十分にわかると思います。よく調べ、深く考え、悩み、疑い、試し、工夫し、改善していくしかないのです。

ストイックさは伝播する

なお、個人が大きな影響力を持つという点で言えば、今回、私が減量に挑戦した際に一番の学びになったのは「ストイックさは伝播する」という事です。

私がツイッターなどで減量の進捗状況を公表する度、「私もダイエットを始めました」という声をいただいたり、同じようにダイエットをする人から「励みになります。おかげで食事量が抑えられました」「自分もダイエットを頑張ります」という声が寄せられました。

ストイックさは、本来、人が避けて通りたがるもの。でも、目に入るところで自分以上にストイックにやっている誰かの存在がいると、そのストイックさは伝播していくのだなとつくづく思いました。

普段はほとんど社会の役に立たないような存在の私が、多少なりとも人様に貢献できた事がわかり、とても嬉しかったです。

さらに言えば、ネットの世界であればあるほど、よりリアリティが大切になってきている気がします。今の時代、匿名性が高い人よりも、実名で顔を出している人の方が影響力を持っています。

なぜかと言うと、昨今のネットはフェイクニュースも多く、玉石混交が当たり前でどの情報が本当に正しいのか、簡単には判別つきません。

根も葉もない嘘が真実のように蔓延する事もあるのに、執筆者は何の責任も問われない。今後さらに時代が進めば、ネット上の情報はより一層、信用性が問われるようになっていくでしょう。

行き着くところまで行けば、「ネットの情報は基本的には信じない」という人も増えるはず。

そんな中、ギリギリまで自分の情報を開示する信頼性のある人こそが、生き残るのではないか。言い換えれば、これこそがネットリテラシーの本質であり、センターピンだと考えています。

私自身、批判を受けながらも体重の推移や裸の写真、買った不動産の権利書、家族の写真と、ギリギリまでプライベートを公開するのはその確信があるからこそ。

きっと近い将来、ネットの世界では、「自分の情報をどこまで正確に開示できるかがキモである」というルールが必勝法になるのではないかと思っています。応援を集めたい上場企業が、業績や戦略をなるべく透明性を持って開示し続けるのと同じです。

Check Point

- ☑個人の時代では、与えられた事だけを思考停止でこなす人間に未来はない。
- ☑他人と差別化できるクリエイティビティと独創性を磨こう。
- ☑目立たなくてもいい。周囲を惹きつける「面白さ」を持て。
- ☑ストイックさは伝播する。個人の本気は、社会を変える力にもなる。
- ☑ネット全盛の時代こそ、求められるのはリアリティのある個人の情報開示。

ルール
33

1国に依存するのはリスクである。世界と取引できる人間になろう。

1国に依存せず、世界中に友達を作りたい

２０１４年、私は長年住み慣れた日本を離れて、シンガポールに移住しました。現在はタイやドバイ、フィリピン、シンガポール、マレーシアなど、様々な国に拠点を置き、それぞれ転々としながら生活を送っています。

私が移住を決断した最大の要因は、日本を離れて自分を見つめ直したかったという事に加えて、「日本に限らず人間が1国だけに依存するメリットはない」と思ったからです。

今後、日本はより少子高齢化が進み、社会保障がその最大の問題点となるでしょう。さらに、いつ起きるともわからない自然災害の恐怖は封じようとしても不可能ですし、日本においても活躍する個人とそうでない個人との間で格差が益々拡大していくはずです。そうなると、妬みや嫉みを生むギスギスした雰囲気や閉塞感が強まる可能性もあります。特に日本人は日本語以外を得意としていないため、内需経済に陰りが生じた場合、すぐに外で生きていくだけのサバイバルな力を持ち合わせていません。

そこで、勝ち続ける方法として世界に目を向ける必要性を強く感じました。

ただ、海外生活を送る中で私が強い危機感を抱いたのは「英語力の欠如」でした。もちろん、海外に4年も住んでいるので、最低限の英会話はできなくもありません。正直なところ、この4年間の海外生活で、英語がそれほど得意でなくとも、生活に支障をきたした事はほとんどありませんでした。

公共機関での日常のやり取りはもちろん、銀行の口座開設や不動産購入時の契約などやや複雑な手続きであっても、その場で単語を一つずつ調べていきさえすれば、さほど語学力を必要としないからです。これは、日本でのビジネス経験からくる慣れも役立っているとは思います。

ただ、せっかく海外にいるのに話す言語が日本語ばかりで、一緒に過ごす人も日本人ばかり。現地で親しくなった不動産関係の人間や近隣住民に食事へ誘われても、英語ができないからという理由でつい尻込みしてしまい、せっかくの誘いを断ってしまう事もありました。また、自宅で雇っているベビーシッターやドライバーは非常に素晴らしい人柄なのに、彼らと挨拶程度の会話しか交わす事ができない。

こうした事から、現地の人と触れ合えないのは、人生でとてつもなくもったいない
と思ったのです。

ならば、英語力を養って海外にたくさんの知り合いを作りたい。そして、彼らが何
を考え、どう感じながら生きているのかをもっと知りたい。次第にそう思うようになっ
ていきました。

現在の私の目標は、英語を通じて世界中に友達や仕事仲間を作る事です。

そして、いずれは世界中のどこででも取引できる人間になりたいと思っています。

しかし、それには英語の習得が不可欠で、フィリピンのセブ島を皮切りに現在自宅
でも英語を学習中です。

「読む・書く」は切り捨て、「話す・聞く」に特化

英語の習得も、ダイエットで実践したのと同じような集中力で取り組んでいきたい
と思っています。

私が英語の勉強の要だと思っているのは、「読む・書く」を切り捨てて、「話す・聞

く」だけに特化するというものです。

語学の勉強は「読む・書く・話す・聞く」の4つのスキルがありますが、「読む・書く」と「話す・聞く」は全く次元の異なる能力だと思います。

「読む・書く」は論理的思考力が要求され、「話す・聞く」はどちらかというと反射神経と慣れが必要とされる、人間の本能により近いものだと思います。

そこで、自分の本来の目的である「世界中の人と取引できる人間になる」を達成するために「読む・書く」を切り捨て、「話す・聞く」に特化しようと考えています。

また、「読む・書く」自体は日本の受験勉強でカバーできているため、特に読む事にはそもそも問題がありませんでした。しかし、「話す・聞く」については私も含め日本人は苦手です。

現在の第一のセンターピンとして設定しているのは、単語や慣用句など、日常会話に出てくるフレーズを正しい発音と共に、とにかく丸ごと覚えるというものです。

日常会話であれば、難しい単語はいりません。イメージとしては『英単語ターゲット1900』や『DUO』のような大学受験レベルの英単語帳を1冊丸暗記します。

最低限、生活していて目に飛び込んでくるものの名称は全て指を差して英語で言えるくらいにはならないといけないです。

「話す」時も、日本語で思考して翻訳したものを話すのではなく、英語で思考しそのままの言葉を話せるレベルを目指します。

「聞く」時も、「ドッグ」と言われたらまず「犬」という単語を思い出すのではなく、リアルな犬の映像がパッと頭に浮かばないとなりません。

さらに、「聞く・話す」においてはスペルよりも発音が極めて重要である事に気が付きました。日本語は母音が主役ですが、英語は子音が主役です。子音が連続するなど日本語ではあり得ないのですが、それゆえに発音そのものが丸っきり異なる点が多々あり、これこそが英語を聞き取れない理由であり、通じない理由でもあります。母音主役の発音を修正し、独特の子音発音をマスターする必要があるわけです。

まだまだ勉強を始めたばかりなので、あくまでこれらは仮説にすぎません。

でも、これまで何度も繰り返してきたように、まずは仮説を立てて行動に移さない限り、人は成長できません。

他人に言われた勉強法を右に倣えで実践するのではなく、常に自分の脳やタイプに合わせて、オリジナルのものにカスタマイズしていく。これが私の強みであり、英語学習にも存分に応用していくつもりです。

Check Point

☑日本1国だけに依存していては、生き残れない。
☑世界中の人と取引ができる人間が求められる時代。そのために英語は必須である。
☑「読む・書く・話す・聞く」。全てを一度に手に入れる事はできない。なぜ勉強するのか、目的に合わせた勉強法を探そう。
☑せっかくの海外生活。現地の人と触れ合えないのはもったいない。
☑資格や点数ではなく、使える英語力が問われる時代へ。

ルール
34

自分の「トリセツ」を知る。

それが、人生をロスしない最短の方法で、パフォーマンスを最大化する方法である。

自分に合わないものやストレスになるものを切り捨てよ

自分の好きなものや嫌いなもの、得意なもの、苦手なものを、あなたはどれだけ把握しているでしょうか？

何度も何度も同じ失敗を繰り返したり、嫌な事が続くようであれば、一度、自分の好き・嫌いや得意・不得意を「棚卸し」してみて欲しいと思います。

私自身、過去を振り返ってみても、苦労の連続でした。中学生の時は横浜の本家本元の暴走族が埼玉に行脚してきて「十日市《とおかまち》」というお祭りの最中にリンチを受け長期入院した事もあります。高校時代（中退しましたが）は暴走族に関係していたため、先輩に呼び出されて金属バットで殴られそうになった事もあります。

盗んだバイクでベンツに突っ込んで逃走したらすぐ警察に捕まったりもしました。結局は高級車だった事もあり、バイクと車の修理費を合わせて親に数百万円も払わせてしまった事もあります。留置場に入って護送車で少年鑑別所まで送られたり、死ぬほど勉強して大学に入っていざ起業してみれば、消費者金融からお金を借りないと回らなくなるくらいの切迫した状況に陥った事もありました。

その他にも、自己破産、倒産、国税管轄……ここで全てを書き切れるものではないですが、いくつもの修羅の道がありました。ただし、これらの失敗の一部でも欠けていたら、今の自分はなかったと思います。

同時に「同じ事をもう一度やれ」と言われてもきっと無理だろうな、とも思います。若いうちは、気合いと根性で何とかなります。失敗も無鉄砲な行動も、どんどんやればいいと思います。でも30代、40代になると気力や体力は衰えますし、良い意味でも悪い意味でも大人として保守的になっていくものです。という事は、若い人なら動けるうちに動いて失敗もたくさんしておかないと、後から失敗をしたくても怖くてできなくなってくるのです。

若い時代に無駄な事に時間を使っている場合ではありません。本当に自分の人生に役立つ経験だけを積んでいくべきなのです。そこで必要なのが、自分に合わないもの、ストレスになるもの、求めていないものを断定し、切り捨てていく作業です。私にとって就職するというのがそれでしたし、その決断を初っ端からできたのは我ながら英断だったと思っています。つまり、自分が求めている道で苦労するなら価値もありますが、自分が全く求めていない道で苦労しても意味がない、時間の無駄という事です。

サラリーマンをしていて得られた事もあっただろうとは私は思いません。得られるものはもちろんあるはずなのですが、はなからそこは自分の理想ではないので、切り捨ててきたわけです。

絞りに絞り切って、自分に必要なものだけにトライして失敗を積んでいった時、人は成功の道を見つけ、ようやく幸せになれるのだと思います。

自分の本質を理解できればパフォーマンスは最大化できる

では、どうしたら、自分にとって要らないものを切り捨てられるのか。

そのためには「自分がどんな人か」を知る必要があります。ある程度自分の性格を分析し、好き・嫌いや得意・不得意を絞っていくと、結果も出やすくなります。

例えば、人と接するのが苦手な人が常に人と接する仕事をしても、高いパフォーマンスを上げられないのと同じ事です。

正直、私自身も日本にいた頃までは「自分には何が向いているのか」があまりよくわかっていませんでした。人前に出る仕事をする一方、シャイで人見知りで閉鎖的な部分も併せ持っている。さらに、誰かに会った後は、自分の決断が鈍ったり、感情の処理が追い付かなかったりと、自分の中で葛藤する事も多かったのです。

今では目立つのはある意味では好きだとわかっているし、時代的にもそれをやるべきだと思っていますので、ガンガンＳＮＳへ露出しますし、メディアにも出ています。でも、人から良くも悪くも影響を受けやすい人間だという自覚が出てきたので、できるだけ対面で人とは会いません。

その結果、心穏やかに過ごせるし、自分のパフォーマンスがより一層アップするという事に気が付きました。多くの人に会っていた時代では年収1億円を得るのも大変でしたが、今ではたった一人で年10億円前後を稼げるようになりました。逆説的ですが、自分を深く知ってよく活かす事ができるようになれば、大きな結果が出るのです。

私自身は自由を第一に置いているため、どれほどお金をもらっても、例えばコンサルティングやセミナーはお断りしております。お金を頂戴して大きな責任からストレスを抱え込むよりは、投資に時間を使う方が効果的にお金を稼げる事がわかったからです。

このように自分の本質をよく理解できれば、各自のパフォーマンスは最大化します。本質がわからないとずっと空回りをしてしまい、自分には向いていないのにやり続ける事になってしまうのです。
繰り返しになりますが、今は本当に個人の持つ人間らしさが重要視される時代です。できるだけ「負の感情」を減らし、プラスなものだけを視界に入れるようにして、自分らしさを出せる好きな事をやって、己にしかないバリューを磨いていく。向いているから本気になれるし、ストレスを溜めずに一生懸命になれるのです。嫌でなければ、人は失敗も失敗だと思わず、ひたすら成功するまで続ける事ができます。ぜひ、「あなたに向いている何か」を探してみて下さい。

Check Point

- ☑自分にとっての得意・不得意や好き・嫌いをはっきりさせよう。
- ☑嫌いなものや不得意なものは切り捨てた方が上手くいく。
- ☑必要なものを残して取り組めば人は幸せになれる。
- ☑ストレスを避けて最大のパフォーマンスを出そう。
- ☑好きな事、向いている事だからこそ成功するまで続けられる。

ルール35

自分で自分を殺すな。

空気を読み過ぎる奴は負けだ。

気の向くままに突き抜けていこう

最後に私からの提言です。

自分を抑制せず、もっとやりたいように人生を生きて下さい。

なぜなら、日本人の多くは過度に自分を抑制しているからです。他人と足並みを揃えない限り、社会から弾き出されては生きていけない。そんな文化や風潮がまかり通っています。他人の目を気にして行動を遠慮しているのです。

でも、私を見て下さい。

どれだけ人に嫌われようと、どれだけ批判を受けようとも、全く躊躇せず思った通りに発言し、好き勝手にやってきています。結果、多くのものを得る事ができました。

抑制が美徳であり、美学だったのは、もう昔の話です。

自粛や同調、忖度を一切打破し、思いっ切り気の向くままに突き抜けていかないと、人生を無駄にする事になります。人生は短いから、なるべく早い段階でこれができるようになるかどうかが全てなのです。

自分が思うように振る舞う事で、周囲の人から「そんな事はしない方がいいよ」「もうちょっと周囲の事も考えたら？」などと「アドバイス」と称する提言が投げ掛けられるかもしれません。

でも、よく考えて下さい。その中に、あなたの長期的なビジョンのためを本当に思って言ってくれる人がどれだけいるでしょうか？

一見、「あなたのため」を装った提言も、その根底には嫉妬があったり、その人にとって都合の良い提言である可能性が高いのです。あなたの事を真剣に考えてくれるのは、「財布が同じ」で運命共同体の身内ぐらいです。

では、無意味な同調圧力の先には何があるのか。

その場では円滑に進むかもしれませんが、自らが考えるのを止めた瞬間から周囲の流れに合わせて動くようになります。これは恐ろしい激流で、周囲が行きたがる場所へ行き、周囲が欲しがるライフスタイルに染まる。そこに、あなたの意思は介在しないのです。

ただし、この世は全て自己責任。同調した末に何か失敗したとしても、「それはあなたの考えが浅はかだから悪いのだ」とばかりに誰も助けてはくれません。

相手の都合で、時に従順さを求められ、失敗すれば放置される。そんな世の中なのです。

ならば、考えに考え抜き、自分のやりたい事や思う事を貫き通す方が、どれだけ幸せでしょうか。そのうえで失敗しても、価値があるじゃないですか。

私は、やりたい事を何でも好き勝手にやれ、と言っているわけではありません。日本には法律があり、社会のルールがあります。だったら、ルールのギリギリまでやり切れば良いのです。筋を通していれば、誰かに文句を言われる筋合いはありませんし、仮に文句を言われても、その言葉は何の力も持ち得ません。

失敗した後悔には経験と力が残る

世の中には、一見善良そうな顔をしながらも搾取や支配をしようとする悪魔のような人や仕組みがたくさん存在します。

思った事を言わない人や自分で感じた通りに行動できない人は、そうした人や仕組みに搾り取られていくだけです。それでは、いつまで経っても泥沼から抜け出せません。

私自身は、「空気を読む」のが得意であると同時に、あえて空気を壊すこともあります。

思った事は基本、全て言わないと気分が悪くなるタイプなので、自分が言いたいし、言うべきだと思えば、仮に憚られるような下品な言動であったとしても、また感情を逆撫でする事であったとしても、言うようにしています。

でも、だからこそ、誰かに搾取される事はありませんでしたし、結果的に思った事を言って、やりたい事をやって正解だったと確信しています。

典型的な日本人にはこれが理解できないかもしれませんが、他人の価値観や常識に染まると自分の持っている無限の可能性を殺すことになってしまうのです。

もちろん皆さんに私の価値観を押し付けようなどとは微塵も思っていません。自分がどうやって生きていくのかという指針は、あなた自身が決めるべきです。

ただ一つ言いたいのは、思い切りやってみたい事をやるべきだという事。じゃないと人生がもったいない。仕事にしても投資にしても減量にしても、やるも地獄、やらぬも地獄です。どうせ地獄なら、「好き勝手にやった地獄」の方がマシだと思いませんか?

辛くても自分の選んだ道で成長を積み重ねていけば、最後に得するのはあなたです。やらなかった事でする後悔は何の成長も残しませんが、やった後悔には経験と力が残ります。

自分のためにする苦労は、とても大きい。私自身、そう思ってこれまでの人生を歩んできました。これからも誰に遠慮する事なく、〝与沢節〟を貫き通して自分の人生を歩んでいきます。そして、この人生が終わるその時まで、ブチ抜き続けるつもりです。

Check Point

- ☑空気は読まなくていい。好き勝手やって、嫌われる事を恐れるな。
- ☑この世は自己責任。他人に同調して失敗しても、誰も助けてはくれない。
- ☑やるも地獄、やらぬも地獄。ならば、好き勝手やる地獄の方がマシだ。
- ☑自分で決めた道で努力や苦労を積み重ねた末、得するのは間違いなく自分だ。
- ☑自分を信じ、人生が終わる最後の瞬間まで、ブチ抜き続けろ。

おわりに

「与沢翼」という名前を聞いた時、多くの人は「成り金」「秒速の男」「六本木で美女をはべらせ豪遊している、胡散臭くてイケ好かない奴」などのイメージを連想するのではないでしょうか。

ただ、この4年間で、私は大きく変わりました。

その中でも最大の変化は、「40年後、50年後の自分の未来について考えるようになった」という点です。

昔はとにかくお金を稼ぐのに忙しく、年老いた自分の事なんて全く考えていませんでした。稼いだら稼いだ分遊ぶし、辛い事があっても「これを乗り越えられなければ死ぬしかない」と思って、ギリギリまで痩せ我慢してきました。

一言で言えば、とても刹那的な人間だったと思います。

でも、十分な資産を得た今、「いかに残りの人生を楽しく過ごす事ができるのか」というのを人生のテーマに生きているような気がします。

いつか自分も年老いて、60歳、70歳になります。その時、体を壊していては人生がつまらない。だからこそ、減量をはじめとした健康に対する意識も高まってきました。今後も死ぬまで健康管理には気を付けていきたいと思っています。


また、家族や妻、恋愛への考え方も大きく変わりました。

先日「なぜ、自分は妻と一緒にいるのか」という事について深く考える機会がありました。世の中には毎年若い女性が生まれてくるので、考えようによっては同じ人と付き合わなくても相手はたくさんいるわけです。言葉は悪いですが、それこそ若くて可愛い女性をとっかえひっかえして遊ぶ事だって、資産がある男性ならば可能です。

それ自体が本当の意味で幸せかはわかりませんが、少なくとも刺激はある。

子供は死ぬほど可愛いですが、一緒に過ごすのはなかなか大変です。うるさいし、騒ぐし、自由な時間は昔に比べて減ったと思います。


なぜ、自由をあんなにも愛していて、何事にも束縛されるのを嫌っていた私が、あえてその不自由を選ぶのか。

その理由は、「自分が年を取った時の事を考えているから」なのだなと気が付きました。

20年後、30年後、40年後。自分が老いた時、もし長年連れ添った妻がいれば、絶対に共有できるものがあるはずです。それは、同じ年月を過ごした人間にしかわからない何かだと思います。

もちろん相手も年を取って、今のようにピチピチではないでしょうが、こちらもジイさんになるわけです。心安らぐひと時を一緒に過ごせる相手が欲しいし、自分が弱った時に優しくしてくれる存在も欲しい。

わがままかもしれませんが、一人で寂しく人生を過ごしたくはないのです。

今の自由よりも、何十年後かに大家族の家長として生きている未来を選べるようになった事。それが自分にとっては最大の変化だったと思います。

戸建ての大邸宅で、年末年始に一族を集めて、自分の過去の自慢話とかを聞かせるようなおじいちゃんを目指しているのです。さらに言えば、自分が死んだ後も平和が続くような一族にしたいので、家族内で不要な争いをしないためにも、子供は絶対に今の妻以外には産ませないという事も決めました。

もちろん、今考えている事が将来的に変わる可能性が絶対にないとは言えません。私自身が心を変化させてきたからです。本書でもご紹介したように、人間の心は天気のようなもの。時間と共に、刻々と移りゆくものだと思います。

しかしながら、気持ちが変わる事を恐れて手を抜くのは違います。今信じる最大の道をブチ抜く気概が、より正しい道へと私をいざなってくれる気がするのです。

本書は、私が仮想通貨で27億円を儲けた時に、出版の声を掛けてもらったのがきっかけとなりました。

執筆期間中には2か月間の減量もあり、執筆はおろか、メールもほとんどチェックする事ができず、本当に迷惑を掛けてしまったと思います。しかし、その間も粘り強く待ってもらった皆さんの恩には最大限の誠意で応えたいとの思いから、特に最後の1か月はできるだけ予定を入れず、執筆だけに一点集中しました。おかげで、自信を持って世に出せる作品ができたと思っています。

扶桑社・週刊ＳＰＡ！編集部の横山薫さんには企画提案から構成・編集まで全てを担当していただき、フリーライターの藤村はるなさんにも構成を手伝っていただきました。また、扶桑社の皆さんや出版・流通関係の多くの方のお力添えがあって本書は完成し、出版できました。ありがとうございました。

そして、常に私の傍で温かく見守ってくれる妻の麻美と、日々成長して私に活力を与えてくれる最愛の息子・麗には特に感謝しています。２人がいなければ、今の私の存在はあり得ません。

過去を悔やむならば、その過去を悔やむ1分、1秒を、自分の未来を変えるために使って欲しいと思います。自分の未来のために何かをするという行為は、いつだって遅過ぎる事はないのですから。本書がその行動を起こすきっかけとなり、ブチ抜いた存在になる一助となれば嬉しいです。

２０１９年2月　バンコクにて

与沢　翼

企画・構成・編集　横山 薫
構成・編集　藤村はるな
装丁　中西啓一（panix）
DTP　松崎芳則（ミューズグラフィック）
撮影　難波雄史
校正　小西義之

与沢 翼（よざわ・つばさ）

1982 年 11 月 11 日生まれ、埼玉県出身。実業家・投資家。
高校中退後、偏差値 30 から猛勉強を開始し、大学入学資格検定（大検）を取得して 8 か月で早稲田大学社会科学部に入学。
22 歳、大学在学中にアパレル通販会社を起業。わずか 3 年半で月商 1 億 5000 万円の会社に成長させ、自身のブランドを渋谷 109 等の計7店に出店させるが、6 年目に倒産。
2011 年、たった 1 人、手持ち 10 万円の資金からネットビジネス界に参入し、わずか半年で 7 億円を稼ぎ出す。
2013 年に山手線の電車広告をジャックし、「秒速1億円の男」として一躍注目を浴びる。
2014 年に日本法人を解散。
同年、シンガポールの就労ビザを取得し、移住。
2016 年にドバイへ移住し結婚、一子をもうける。
現在は投資家として、株式、FX、不動産、仮想通貨、保険、債券、信託、外貨等に分散投資。世界各地に計 40 戸の高級不動産を所有し、純資産 70 億円を無借金で形成。
ドバイやタイ、シンガポール、フィリピン、マレーシアなどを行き来しながら暮らしている。

ツイッター ▶ @tsubasa_yozawa
インスタグラム ▶ @tsubasayozawa
フェイスブック ▶ https://www.facebook.com/tsubasa.yozawa
LINE@ ▶ @yozawa
ブログ ▶ http://yozawa-tsubasa.info/
ユーチューブ ▶ https://www.youtube.com/c/TSUBASAYOZAWA1111

ブチ抜く力

発行日 2019年3月10日 初版第1刷発行
2019年5月8日 第6刷発行

著者 与沢 翼
発行者 久保田榮一
発行所 株式会社 扶桑社
〒105-8070
東京都港区芝浦1-1-1 浜松町ビルディング
電話 03-6368-8885(編集)
03-6368-8891(郵便室)
http://www.fusosha.co.jp/

印刷・製本 株式会社 廣済堂

ISBN978-4-594-07943-7